The Professional Status of Women in Architecture

An Analytical Approach on Professional Status
of Female Architects
in the United States
(1970-2016)

Authors:
Somayeh Ebrahimi
Nastaran Razavi

Title: The Professional Status of Women in Architecture: An Analytical Approach on Professopnal Status of Female Architects in the United States (1970-2016)

Authors:Somayeh Ebrahimi Nastaran Razavi
ISBN: 978-1939123558
Publisher: SupremeCentury,USA

به نام خدا

جایگاه حرفه‌ای زنان معمار

رویکردی تحلیلی به جایگاه حرفه‌ای زنان معمار در آمریکا
(۱۹۷۰-۲۰۱۶)

تالیف و نگارش: سمیه ابراهیمی، نسترن رضوی

آماده شده برای نشر توسط آسان نشر

www.asanashr.com

عنوان: جایگاه حرفه‌ای زنان معمار؛

رویکردی تحلیلی به جایگاه حرفه‌ای زنان معمار در آمریکا (۲۰۱۶-۱۹۷۰)

نویسندگان: سمیه ابراهیمی، نسترن رضوی

ناشر: سوپریم سنچوری (قرن برتر)، آمریکا

شابک: 978-۱۹۳۹۱۲۳۵۵۸

فهرست

یادداشت مولفان ۷
قدردانی ۹
مقدمه- جایگاه زنان معمار در جامعه چیست؟ ۱۳
فصل۱- آیا ممکن است زنان به حرفه‌ی معماری بپردازند؟ ۱۹
فصل ۲- شرایط اندوهناک تساوی حقوق زن و مرد در حرفه‌ی معماری ۳۷
فصل ۳- من از باربی معمار چه یاد گرفتم؟ ۵۱
فصل ۴- جوایز معماری ۶۵
فصل ۵- زنان پیشرو در حرفه‌ی معماری ۸۱
فصل ۶- نگاه به گذشته و حرکت به جلو ۹۳
فصل ۷- آثار برگزیده‌ی چند زن معمار ۹۹
کتاب‌شناسی ۱۱۱

یادداشت مولفان

براساس شواهد تاریخی در ایالات متحده آمریکا، زنان استعداد و علاقه‌ی خود را در حرفه‌ی معماری و ساختمان‌سازی به اثبات رسانده‌اند و در دهه‌های اخیر تعداد دانشجویان دختر در دانشکده‌های معماری و عمران به طور چشمگیری افزایش یافته است؛ با این حال، تعداد زنانی که در حرفه‌ی معماری مشغول به فعالیت هستند در سال‌های اخیر کاهش یافته و در رده‌های بالاتر، حضور زنان در این حرفه به ندرت تأثیرگذار بوده است. در مقایسه با رشته‌هایی نظیر وکالت و پزشکی که رشته‌هایی هستند که حضور مردان را بیشتر می‌طلبند، حضور زنان معمار کم‌تر و جایگاه اجتماعی آن‌ها به سبب عدم تساوی حقوق مرد و زن نادیده گرفته شده است. چه بسا که نام بسیاری از زنان در حرفه‌ی معماری در طول تاریخ در ایالات متحده آمریکا و اروپا حذف و تلاش‌های مستمر آن‌ها در این حرفه نادیده گرفته شده است. پس چرا زنان هنوز تلاش می‌کنند که حضور خود را در حرفه‌ی معماری به اثبات برسانند؟ کتاب «جایگاه حرفه‌ای زنان معمار» داستان زنانی است که یک قرن و نیم در جامعه‌ی آمریکا تلاش کرده‌اند که در این حرفه باقی بمانند و استراتژی‌هایی را کشف کنند که از طریق آن نسل جدید بتواند در مقابل تبعیض و عدم تساوی حقوق مرد و زن در حرفه‌ی معماری بایستد و مقاومت کند.

این کتاب ترجمه‌ی آزاد از کتاب «Where are the Women Architects?» اثر دِسپینا استراتیگاکوس است*. هدف از گردآوری کتاب آگاه سازی عموم نسبت به تلاش زنان در معماری آمریکا در یک قرن و نیم پیش است، عرصه ای که مدت های مدیدی است آقایان یکه تاز آن بوده اند و فرهنگ تبعیض بر آن غالب بوده و حضور زنان با وجود تلاش ها و موفقیت های مستمر هنوز دلسردکننده است. ترجمه ی این کتاب شامل هفت فصل است و در انتها به آثاری از زنان معمار اشاره شده است که در این حرفه پیشرو

---

* This book is free reinterpretation from the book «Where are the Women Architects?» Authored by Despina Stratigakos, Published by Princeton University Press.

بوده‌اند. امید است که ترجمه‌ی این کتاب تأثیر مثبتی در مسیر ارتقا و پیشرفت برای زنان معمار و زنان درحال تحصیل در رشته‌ی معماری و جایگاه اجتماعی آن‌ها در جامعه‌ی ما نیز داشته باشد.

مهندس نسترن رضوی

دانش آموخته کارشناسی‌ارشد معماری منظر از دانشگاه تورنتو و کارشناسی‌ارشد معماری از دانشگاه مونترال، کانادا

وی مؤلف و مترجم کتب و مقالات متعدد علمی و پژوهشی است و به فعالیت حرفه‌ای معماری و معماری منظر اهتمام ورزیده و توجه خاصی داشته است. از جمله آثار او عبارتند از کتاب سبک‌شناسی آثار معماری از دوره باستان تا عصر مدرن و کتاب مقدمه‌ای بر رویکردهای مدیریتی فراگرد طراحی در دفاتر کوچک معماری.

دکتر سمیه ابراهیمی

دانش آموخته دکترای معماری از دانشگاه آزاد واحد علوم و تحقیقات تهران

عضو هیات علمی و استادیار (از سال ۱۳۸۵)

علاوه بر تدریس دروس تخصصی معماری و تألیف مقالات متعدد علمی و پژوهشی به فعالیت حرفه‌ای معماری و معماری داخلی نیز اهتمام ورزیده و توجه ویژه‌ای داشته است. وی پس از همکاری با چند شرکت مهندسین مشاور و انجام پروژه‌هایی نظیر ساختمان اداری ورودی و مرکز تحقیقات شرکت تامکار و راون سازه در پارک فناوری پردیس و بسیاری پروژه‌های دیگر، از سال ۱۳۸۸ با تأسیس دفتر طراحی کاز [۱] فعالیت حرفه‌ای معماری و معماری داخلی را به صورت جدی‌تر دنبال نمود. نتیجه‌ی این همکاری و اشتراک دوستانه کسب جوایز و رتبه‌های متعدد در زمینه‌ی معماری و معماری داخلی و خلق آثاری است که هر یک به نحوی بر کیفیت فضا، زیبایی و کاربردی بودن آن تأکید دارند.

[۱] مدیران شرکت طراحی کاز: خانم دکتر سمیه ابراهیمی و آقای دکتر مهدی علیرضایی

Website. http://kaazarchitects.com/

Email. kaaz.design.office@gmail.com

قدردانی

این کتاب الهام گرفته از گفتگوها و همکاری‌ها با زنانی است که معتقد بودند معماری باید متحول شود و مصمم بودند در راستای این تحول گام بردارند. من مدیون مرحوم ملیکا بلیزناکو[۲] هستم، کسی‌که بایگانی جهانی زنان در معماری را در دانشگاه ویرجینیاتک بنیاد نهاد، (من زمانی درهیأت شورای او خدمت می‌کردم) و با عشق خود را درگیر نگهداری مدارک و یادداشت‌های تاریخی کرده بود.

مفتخرم که خدمتگزار هیأت اُمنای بی.دابلیو.ای.اف هستم، (بورلی‌ویلز[۳]، بنیانگذارمؤسسه بورلی‌ویلز[۴] (بی.دابلیو.ای.اف) در شهر نیویورک که مدلی برای گردآوردن جمع وسیعی از اشخاص به منظور برگزاری برنامه‌های آموزش همگانی ومشارکت دانشگاهی و صنعت ارائه کرده بود.) درمؤسسه فنآوری پادشاهی در استکهلم، میک شالک وکتجا گریلنر[۵]، از بنیانگذاران معماری طرافدار حقوق زنان و تحقیق جمعی[۶]، من را در بحث‌هایشان درباره‌ی فن آموزش کودک و کمک‌رسانی اجتماعی شرکت دادند و بینش و آگاهی من را نسبت به دیدگاه جهانی افزایش دادند. من همچنین از اطلاعات محققانی در کشورهای دیگر بهره بردم که عهده‌دار مطالعات بسیاری درباره‌ی برابری جنسیتی در حرفه‌ی معماری بودند و تجارب خود را با من سهیم شدند، از

[2] Melika Bliznakov

[3] Beverly Wills

[4] BWAF (Bevely Wills Architecture Foundation)

[5] Meike Schalk and Katja Grillner

[6] FATALE

جمله ان ماری ادامز[7] در دانشگاه مک‌گیل و کارن برنزوجاستین کلارک[8] در دانشگاه ملبورن. همچنین من درباره‌ی کار خود با لوری براون[9] از دانشگاه نیویورک[10] صحبت کرده‌ام، کسی که استودیو معماری بیست[11] را بنا نهاد تا از طریق شبکه‌ها و برنامه‌های کارآموزی به زنان جوان کمک کند که در حرفه‌ی معماری باقی بمانند.

در دانشگاه بوفالو، کیلی هیزمک[12]، همکار من در باربی معمار[13] ما را ترغیب کرد تا آگاهی خود را نسبت به زنان معمار ارتقا دهیم. این زنان و بسیاری دیگر که در این‌جا به آن‌ها اشاره نشده است، یاران من در رسیدن به هدف مشترک اصلاحات ساختار در حرفه‌ی معماری بودند و من از همه آن‌ها برای ایده‌هایشان، انرژی و همراهی خوبشان تشکر می‌کنم.

آن‌چه که به اندازه‌ی تألیف این کتاب برای من مهم بوده است، گفتگوها درباره‌ی معماری و اسناد مرتبط با نانسی لوینسون[14]، ویراستار مدیر اجرایی مجله‌ی پلیسز[15] است. او مرا به آشنایی بیشتر با انتشارات برخط در حیطه‌ی معماری ترغیب کرد، که در دو فصل این کتاب به آن‌ها اشاره شده است، در باربی معمار و ویکی‌پدیا، که ایده آن ابتدا در مقالات مجله‌ی پلیسز شکل

[7] Annmarie Adams

[8] Karen Burns and Justin Clark

[9] Lori Brown

[10] Syracuse University in NewYork

[11] Architect XX

[12] Kelly Hayes McAlonie

[13] Architect Barbie

[14] Nancy Levinson

[15] Places Journal

گرفت. من عمیقاً مدیون محبت و پشتیبانی او هستم و از جاش والرت[۱۶]، ویراستار ارشد، به خاطر همکاری و کمک بی‌دریغ او سپاسگزارم. در انتشارات دانشگاه پرینستون، همچنین من از مایک لکومی[۱۷] ویراستار، به خاطر ژرف‌بینی و پشتیبانی‌اش قدردانی می‌کنم. این دومین کتابی است که با او همکاری نگاشته‌ام و می‌دانم که هنوز همکاری پایان نیافته است. همچنین از مرلین مارتین[۱۸]، ویراستار خارق‌العاده تشکر فراوان را دارم. از خوانندگان گمنام به خاطر نظرات و پیشنهادات با ارزش خود بر روی متن دست‌نویس کتاب سپاسگزارم. شکل‌گیری باربی معمار مرهون هیأت علمی معماری و دانشجویان دانشگاه میشیگان است، کسانی که سال‌ها قبل از این‌که باربی تبدیل به اسباب‌بازی شود با اشتیاق موافقت کردند که آن‌را به صورت یک پیش‌نمونه‌ی طراحی در بوته‌ی آزمایش قرار دهند. خوش اقبالی با من همراه بود که توانستم این کتاب را زمانی بنویسم که در سمینار کارشناسی ارشد درباره‌ی جنسیت و معماری در دانشگاه معماری و شهرسازی بوفالو تدریس می‌کردم. دراین ترم، شرکت‌کنندگان، گروه بی‌شماری از زنان جوانی بودند که نوشته‌های من را با مشاهدات و پرسش‌هایشان پربارتر کردند و به چالش کشیدند. من از تمامی همراهان قدردانی می‌کنم به این دلیل که به من یادآوری کردند که تمام این پژوهش‌ها در راستای هدف ارزشمندی دنبال می‌شود.

[16] Josh Wallaert

[17] Michelle Komie

[18] Marilyn Martin

دِسپینا استراتیگاکوس- استاد دانشگاه بوفالو در ایالت نیویورک است. وی نویسنده‌ی کتاب‌های «هیتلر در خانه» و «برلین: ساختمان‌سازی در شهر مدرن» است.

Stratigakos, Despina."Where Are the Women Architects?" Princeton University Press,2016.

مقدمه- جایگاه زنان معمار در جامعه چیست؟

گام برداشتن به سمت سالن سخنرانی، حضور داشتن در یک گردهمآیی، نشستن در جلسه هیأت امنا، شرکت کردن در هیأت داوران یا پرسه زدن در داخل یک نمایشگاه - همه‌ی این‌ها برخی از اوقاتی هستند که به مقوله‌ی «جایگاه زنان معمار در جامعه می‌اندیشم» و البته افراد دیگری هم به این موضوع علاقه‌مند هستند.

در چند سال گذشته، دسته‌ای هم‌صدا با هم این پرسش را مطرح کردند که چرا زنان، حدود ۱۴۰ سال پیش تحصیل در معماری را آغاز کردند و به تلاش خود ادامه دادند تا جایگاهی محکم و مطمئن در این حرفه به دست آورند. با وجود این‌که ثبت‌نام زنان در مدارس معماری از دهه‌ی ۱۹۸۰ افزایش یافته است، تعداد آن‌ها در این حرفه کاهش یافته است و هر چه حرفه‌ی معماری رشد و ترقی می‌کند، تعداد زنان معمار کم‌تر می‌شود. در مراتب عالی، ارزیابی جوایز و تولید ثروت، تعداد زنان در حرفه‌ی معماری تقریباً به صفر نزول کرده است. وقتی یک نفر مسأله‌ی کناره‌گیری زنان از معماری و مشکلات شغلی که آن‌ها در حال حاضر با آن روبرو هستند را به دقت بازبینی می‌کند، درمی‌یابد آرزوها، تلاش‌ها و بلندهمتی نسل‌هایی از بانوان در این راه نادیده گرفته شده است که بهترین اصطلاح برای توصیف این عارضه «تراژدی» است. در این کتاب سعی بر این است که جایگاه حرفه‌ای زنان در جامعه تحلیل شود موضوعی که مدت مدیدی است برای این حرفه دردسرساز شده است و اهمیت آن رو به تقلیل است.

فصل اول با تاریخچه‌ای در این زمینه آغاز می‌شود بین سال‌های ۱۸۷۰ تا ۱۹۷۰ در قرن نوزدهم، پرسش مطرح شده درباره‌ی غیبت زنان در حرفه‌ی معماری است که برخی برای ایجاد تغییر و برخی دیگر برای بهبود وضع

موجود در این باره به بحث وگفتگو پرداختند. هدف من در این‌جا کم‌تر شرح وقایع به ترتیب تاریخی آن‌هاست، که دیگر نویسندگان و کتاب‌ها به آن پرداختند و بیشتر محاوره‌ی ناتمامی را در برمی‌گیرد که برای مدت طولانی معماری را به تصرف درآورده است- چرخه‌ی تأیید و سپس واگذاری کردن و بی‌خیالی درباره‌ی موضوع تبعیض جنسیتی در حرفه‌ی معماری.

فصل دوم به تصویر حاوی آخرین اطلاعاتی اشاره می‌کند که به وضع موجود زنان امروزی در معماری می‌پردازد؛ از اولین تجاربشان به عنوان دانشجو تا ارتقای شغلی آن‌ها. دورنمایی که به چشم می‌خورد این موضوع را روشن می‌کند که چرا پرسش درباره‌ی روند کند پیشرفت زنان در حرفه‌ی معماری در سال‌های اخیر دوباره مطرح شده است و ضروری‌تر از همیشه به نظر می‌رسد. زنان معمار فارغ‌التحصیل برای ورود و باقیماندن در این حرفه در تلاش هستند و شکاف بزرگ بین درآمدها تمام‌نشدنی است؛ به نظر می‌رسد تبعیض جنسیتی در محل کار بیشتر شده است و زنان درصد کم‌تری از نقش‌های رهبری در این حرفه را به عهده گرفته‌اند. به راستی، این چشم‌انداز کم‌تر به این پرسش اشاره می‌کند که چرا زنان معماری را ترک می‌کنند یا این‌که چرا اصلاً این حرفه را دنبال می‌کنند. اما اگر به این پرسش به تنهایی بنگریم که چگونه به‌طور بی‌سابقه‌ای مباحث حرفه‌ای درباره برابری جنسیتی افزایش یافتند- حس مداومت ناامیدی و ناخوشایندی از بین می‌رود.

به راستی، این کتاب فرصتی است برای تشخیص و قدرتمند شدن و برخاستن سومین موج فمینیستی در معماری که دنباله‌رو اولین موجی است که در آخر قرن نوزدهم پدیدار گشت و همچنین دنباله‌روی دومین موجی است که در اوایل دهه ۱۹۷۰ آغاز گشت و در دهه ۱۹۹۰ ادامه یافت. جنبش موجود به طور کامل ازموج دوم مجزا نیست، بسیاری از شرکت‌کنندگان در این موج مشابه موج قبلی هستند، اما آرمان‌های آن‌ها یکسان نیست، در هر صورت موقتی است و از بین می‌رود. چیزی که مورد توجه است پیدایش نسل جدید زنان جوان (و مردان) بسیاری است که با جریان ایجاد تغییر همراه شدند و

گستره‌ی دیدگاهشان در سطح بین‌المللی توسعه یافته است. نسل جدید طرفداران احتمالات و شرایط امروز را تحت کنترل درآورده‌اند، ازجمله‌ی آن‌ها بازار جهانی و شکل‌های نوین فنآوری و روابط آن‌ها می‌باشد. راه‌اندازی متل[۱۹] (شرکت اسباب‌بازی در ایالات متحده آمریکا) و طراحی برای باربی معمار در سال ۲۰۱۱، واکنش جهانی در برداشت و برای اولین بار آشکار کرد که تا چه حد رسانه‌ی اجتماعی مؤثر است و می‌تواند در فرونشاندن ناخوشایندی وضع کنونی تبعیض جنسیتی در معماری مؤثر باشد.

در فصل سوم تبادل افکار پیرامون باربی معمار بررسی شده است؛ منتقدان و طرفداران درباره‌ی شرایطی که زنان معمار با آن روبرو هستند کاوش کردند و دیدگاه مشترکی را درباره‌ی جریان تغییرات ارائه دادند اما نظرات متفاوتی میان نسل‌های مسن‌تر و جوان‌تر درباره‌ی چگونگی این دیدگاه وجود دارد. عروسک باربی معمار همچنین موضوع نقش الگوهای گمشده را در کنار حرفه‌های دیگر و فقدان الگوی مناسب در حرفه‌ی معماری را به چالش می‌کشد. اگرچه بسیاری از برنامه‌های تلویزیونی، فیلم‌ها یا داستان‌ها شخصیت‌های قدرتمند از زنانی را عرضه می‌دارند که دکتر و یا وکیل هستند اما شخصیت‌هایی نظیر زنان معمار بسیار نادرند. کمرنگ بودن حضور زنان همچنین، شدیداً دردنیای افتخارات معماری احساس می‌شود.

در فصل چهارم این نکته مورد بررسی قرار می‌گیرد که چرا زنان معمار به ندرت در رسانه‌ها دیده شده‌اند در حالی که در این حرفه بیشترین جوایز اعطاء می‌شود. در این بخش توجه به این نکته است که رسانه‌های معماری چگونه به پیشرفت‌های زنان واکنش نشان دادند و زمانی حضور زنان در رسانه‌ها شروع شد که زاها حدید سقف شیشه‌ای جایزه‌ی معماری پریتزکر[۲۰] را در سال ۲۰۰۴ به لرزه درآورد. پوشش خبری آشکار کرد که تبعیض علیه زنان در مقام

[19] Mattel

[20] Pritzker Architecture Prize

آفرینندگان خلاق، پیش از این در قرن نوزدهم آغاز شد که این موضوع در فصل اول مورد کنکاش قرار خواهد گرفت، و هرگز به طورکامل حل و فصل نشد. همان‌طور که درمورد دنیس اسکات براون[۲۱]، کسی‌که در سال ۱۹۹۱ جامعه‌ی حرفه‌ای از او در گرفتن جایزه‌ی معماری پریتزکز چشم‌پوشی کرد و تنها شریک طراحی و همسرش، رابرت ونچوری، به خاطر طراحی مشترکشان جایزه دریافت کرد.

این فصل با کنکاش در این مورد نتیجه‌گیری می‌کند که چه‌طور، در سال ۲۰۱۳، دو دانشجوی معماری هاروارد، نماینده‌ی فمنیست‌های نسل جوان‌تر برای دادخواستی در وب‌گاه[۲۲] اقدام کردند تا خواستار بازبینی جایزه‌ی از تاریخ گذشته برای اسکات بروان باشند. دادخواستی که برای آن تقریباً بیست هزار امضاء در سراسر جهان جمع‌آوری شد. اما در نهایت دبیرخانه‌ی جایزه‌ی معماری پریتزکر متقاعد نشد که رکورد را مستقیماً ثبت کند. اگرچه دادخواست اسکات براون ازطریق اینترنت در سطح جهانی نشان داد که چگونه در گذشته زنان معمار توسط منتقدین و داوران نادیده گرفته می‌شدند.

موضوع حذف زنان معمار از یادداشت‌های تاریخی و فقدان اطلاعات و آگاهی عمومی درباره‌ی آثارشان در عصر دیجیتال، بهتر نخواهد شد مگر آن که تعداد بیشتری از بانوان معمار فعالانه با اطلاعات جدید و فنآوری‌های ارتباطاتی دست‌وپنجه نرم کنند به نحوی که جایگاه خود را تثبیت کنند.

فصل پنجم کنکاشی درباره‌ی برابری جنسیتی در حرفه‌ی معماری و اصالت دنیای دیجیتالی در ورای دیدگاه ویکی‌پدیا می‌باشد. انتقاد فمینستی اخیر از ویکی‌پدیا توجه را به این نکته جلب می‌کند که چگونه تبعیض مردان ویراستار علیه شرکت زنان سبب شده است که از حضورشان در مراجع جهانی جلوگیری شود و یا در حاشیه قرار گیرند. زنان معمار، همان‌طور که نتایج

[21] Denise Scott Brown

[22] change.org

نشان می‌دهد در برابر حذف گرایشات نادرست ویراستاران درامان نیستند. در این فصل کمبود معماران زن در ویکی‌پدیا مورد توجه قرار گرفته و این نکته متذکر شده است که چرا وظیفه داریم تا در مورد این وب‌گاه و یا وب‌گاه‌های مشابه آن حساسیت نشان دهیم. جای هیچ تعجبی نیست که شروع موج سوم فمینیستی در معماری، واکنش مخالفی را برانگیزد. اصرار بر روی لزوم نخبه‌سالاری سبب می‌شود مخالفان تغییر، تحول و دگرگونی که توان رسانه اجتماعی را گسترش داده‌اند، به نحوی استدلال کنند که جنسیت مهم نیست و تنها استعداد باید تعیین کند که چه کسی موفق می‌شود.

هرچند، شرایط نامساعد حرفه‌ی معماری برای زنان، بخش عظیم و وسیع منابع و استعدادها را حذف می‌کند. این به معنای معماری نخبه‌سالاری است، ولی بسیاری از صاحبنظران آن‌را نمی‌پذیرند. در این کتاب من امیدوارم که نوعی از بصیرت و ژرف‌اندیشی ایجاد شود چرا که این امر به معنای پیامی برای زنان معماری است که به معماری علاقه‌مند هستند و می‌خواهند آن‌را حقیقتاً به عنوان یک حرفه‌ی فراگیر و حساب‌شده ببینند؛ درخواست من از زنان معمار این است که جریان‌ساز و مؤثر عمل کنند.

فصل ۱- آیا ممکن است زنان به حرفه‌ی معماری بپردازند؟

پرسش درباره‌ی عدم حضور زنان در حرفه‌ی معماری تاریخچه‌ی طولانی و شگفت‌آوری دارد. در جولای ۱۸۷۲، طرفدار حقوق زنان، جولیا وارد[۲۳] یک سخنرانی درباره‌ی زنان هنرمند در جامعه‌ی پرمناظره ملکه ویکتوریا در لندن ارایه داد. او غرق درشگفتی بود که چرا هیچ زن معماری به این حرفه نمی‌پردازد، آن‌چه او گفت درباره‌ی شایستگی زنان در این رشته و توانایی همکاری و استعدادهای آن‌ها بود. بر اساس استدلال او «یک معمار بایستی ذوق و سلیقه داشته باشد.». «زنان بایستی تلاش می‌کردند تا در دل برخی از معماران جا باز کنند، بسیاری ازمعمارانی که متأسفانه نه‌تنها هیچ ذوق و سلیقه بلکه هیچ ایده‌ای نداشتند و نمی‌توانستند کاری انجام دهند به جز این که آجرهای ساختمان را بشمارند، درحال حاضر مشغول به فعالیت در این حرفه هستند و سود لازم را می‌برند.».

جولیا وارد درباره‌ی زنان این‌طور می‌اندیشید که نسبت به ذهن سودجوی مردان، زنان دارای حس تشخیص ذاتی از زیبایی هستند، معنویتی والاتر و گرایش اخلاقی برتر که بازتاب تصور فرهنگی تحت کنترل فمینیستی در دوره‌ی ملکه ویکتوریاست. برای جولیاوارد، صلاحیت خیال‌انگیز و منش طبیعی زنان «برای وظایف والاتر در زندگی» است و معماری را حرفه‌ای مناسب و در خور شخصیت زنان و حتی بهتر از پزشکی می‌داند که مطالعه درباره‌ی بیماری و تشریح کالبد است، او با حالت محزونی یادآور می‌شود، زنان هم عصر او دراین راه با «شور و شوق فراوان» جانفشانی کردند.

[23] Julia Ward Howe

لطیف‌ترین زنان هنرمندی که او را در سخنرانی‌اش در مناظره ملکه ویکتوریا پشتیبانی کردند، همچنین «بهترین دختران، همسران و حساس‌ترین مادران بودند». حتی با این‌که به موفقیت در حرفه‌ی جدید خود دست یافتند؛ این زنان هرگز جارو، ماهی‌تابه و پتو و ملحفه را از یاد نبردند- لوازم ضروری برای خانه‌داری مطلوب که در مقابل قلم‌موها، رنگ‌وبوم‌ها و دیگر ابزار طراحی است. همزمان، بسیاری از طرفداران به طور موثق، معتقد بودندکه ارزش زن، هم درخانه و هم در فضای جمعی جلوه‌گر می‌شود. با مشاهده از این منظر، زنان در فعالیت‌های مفید اجتماعی همکاری و اساسی‌ترین صفات زنانگی را در فضای جمعی عرضه می‌کنند، در حالی که مشتاقانه گهواره را می‌جنبانند، زمین را جاروب می‌کنند و ترجیح نمی‌دهند که خانه‌داری را ترک کنند تا بیشتر شبیه مردان شوند.

وقتی‌که، در سال ۱۸۸۰، مارگرت هیکز[۲۴] به عنوان اولین زن از دانشگاه کورنل از رشته‌ی جدید معماری فارغ‌التحصیل شد، خبرهای روز درباره‌ی پژواک صدای جولیا وارد گزارش دادند و از این‌که چرا زنان وارد این حرفه نمی‌شوند متعجب بودند. در گذشته فرض بر این بود که زنان معمار باید در حوزه‌ی کارهای منزل در خانه بمانند- نه با جاروکشی در خانه، بلکه به واسطه‌ی طراحی گنجه‌های آشپزخانه.

سین سناتی انکویر[۲۵] به این نکته اشاره کرد که زنان طراح، فعالیت‌های خود را فراتر از حوزه‌ی خانه‌داری گسترش داده و قدمی به سوی جلو برداشته‌اند: «اگر زنان طراح وقت خود را وقف آشپزخانه، سرداب، پستو و اتاق های خواب کرده‌اند باید بدانند که بیرون از خانه برای حضور آن‌ها جای بهتری است». هیکز، در حالی‌که هرگز خود را به‌طور کامل از نگرانی‌های مربوط به امورخانواده جدا نکرد، آرزوهای بزرگ‌تری هم داشت و عنوان

[24] Margaret Hicks

[25] Cincinnati Enquirer

پایان‌نامه خود را سامان دادن ملک‌های استیجاری انتخاب کرده بود. آن‌هایی که در مراتب بالا سمتی داشتند مصمم شدندکه جامعه‌ی معماری را یک منطقه حفاظت شده برای مردان بدانند و بی‌میل بودند که چنین امتیازی را واگذار کنند. مخالفان تساوی حقوق زن و مرد در حرفه‌ی معماری بی‌شمار بودند، اغلب منصب‌های کلیدی را در اختیار داشتند و قطعاً هم‌صدا باهم بودند.

شکل۱- کاترینافیفر، اولین زن کارگرآلمانی آجرچین.
مآخذ: کتاب لاتین باعنوان"Where are the women in architecture?"

در سال ۱۹۰۲، توماس راگلزدیویسن[۲۶]، ویراستار نشریه‌ی معماری انگلیسی، مقاله‌ای را تحت عنوان «آیا زنان ممکن است به حرفه‌ی معماری بپردازند؟» منتشر کرد و در پایان نتیجه‌گیری کرد که برای زنان ممکن نیست

[26] Thomas Raggles Davidson

در حرفه‌ی معماری فعالیت کنند. در برداشت او، ویژگی‌ای که طبیعت به زن بخشیده و او را در برابر مرد وسوسه‌انگیز ساخته دقیقاً آن چیزی است که او را برای حرفه‌ی ساختمان‌سازی نامناسب می‌سازد. به‌ویژه، دیویسن استدلال می‌کند که زنان «از لحاظ خلق‌وخوی فاقد صلاحیت برای طراحی معماری هستند»، به این سبب که «دگرگونی خلق‌وخوی» و آراستگی‌های «فریبنده» فاقد «قدرت مردانه»، «دیدگاه‌های راسخ» و «اندوخته‌های یک قضاوت درست» هستند که از ملزومات معماری است. در آلمان، کارل شفلر[۲۷]، منتقد قدرتمند و محبوب معماری، مقاله‌ای درباره‌ی تبعیض جنسیتی و خلاقیت در سال ۱۹۰۸ منتشر کرد که در آن به‌طور یکسان از برابری جنسیت زن و مرد در حوزه‌ی هنر دفاع می‌کرد ولی ظاهر فریبنده‌ی دیویسن را از قلم انداخت. او ادعا می‌کند، زنانی که طبیعت را نقض کردند و بی‌پروا سودمندی هنرمندانه را دنبال کردند، به بهای از دست دادن زنانگی تاوان دادند.

آن‌ها تبدیل به «موجودات دوجنسی و زودرنجی» شده‌اند که از ناهنجارهای جنسی رنج می‌برند. فراتر از هزینه‌های شخصی و اجتماعی، چنین انحرافی، اعتبار هنر را نیز در معرض حطر انداخته است. این نکته به ویژه در مورد حرفه‌ی معماری صدق می‌کند و شفلر در نشستی با جنس مذکر به آن متذکر می‌شود و ادعا می‌کند، «زنان باید از معماری دوری کنند» و معتقد است که مردان با ویژگی‌های زنانه باید از انتخاب در این رشته منع شوند. در همان سال، با نوشتن درباره‌ی طبیعت آثار معماری، او بر تجلیل از مردان تأکید کرد. او اعلام کرد، «به سبب ایده‌های راسخ طراحی‌شان خواهان حضور مردان در حرفه‌ی معماری است.». یک معمار به دنبال «عالی‌ترین آرزوهاست» و در این مسیر به تصرف «ویژگی‌های مردانه» می‌پردازد؛ نیرومند، پرانرژی و مستقل. دو سال بعد معمار آلمانی، اتوبارتینگ نظرش درباره‌ی این گرایش که «آیا به جاست زنان درحرفه‌ی ساختمان‌سازی فعالیت

[27] Karl Scheffler

کنند؟» را در مقاله‌ی سال ۱۹۱۱ منعکس کرد. بارتینگ، همانند دیوسن، به‌طور واضح به ایده‌ی حضور زنان در حرفه‌ی ساختمان‌سازی علاقه‌مند نبود زیرا معتقد بود که زنان فمینیست، معماری ضعیفی را ارایه می‌دهند و بی‌درنگ تمامی خواسته‌های مشتری را می‌پذیرند. او بر این موضوع پافشاری می‌کند که کمال مطلوب مردانه در استقلال معمار دست‌کم گرفته می‌شود. به ویژه، بارتینگ شرکت زن خانه‌دار را در فرایند طراحی مردود دانسته و این‌گونه بحث می‌کند که «زنان اغلب دقت پلان طراحی شده را نادیده می‌گیرند» که منتهی به تسلط «حاشیه‌ها» بر اصول می‌شود که او این معماری را معماری «زنانه» می‌داند. بنابر دیدگاه او، معماری قوی به سبب فرایند مردانه‌ای است که لزوماً خصمانه می‌باشد. معمار بصیرتش را در صورت «درگیرشدن، خصومت و سوءتفاهمات» دریافت و تحمیل می‌کند. او همچنین از «ضعف معماری معاصر» انتقاد می‌کند و بر این عقیده است چیزی که «معماری ما نیاز دارد جبران عدم حضور و پیشرفت معماران زن نیست بلکه ترجیحاً جوانمردی و بزرگواری مردانه است». ایستادگی در برابر تلاش‌های زنان برای همگام شدن با معماری فراتر از مصلحت‌اندیشی‌های آموزشی و منحصر به فرد است؛ پذیرش‌های دانشجویان دختر و انجمن‌های حرفه‌ای، نفوذ عمیق و بادوامی در این حرفه داشته است.

جای هیچ شگفتی نیست که زنان معمار از این مسأله رنج می‌بردند که توسط همکاران مرد و رسانه از لحاظ جنسی وابسته به مرد و منحط و از نظر طراحی قفسه‌ی لوازم آشپزخانه بهترین طراحان معرفی شوند. روزنامه سان بلتیمور[۲۸] در سال ۱۹۱۱ گزارش کرد که «از این که اتحادیه‌ی زنان به نام گنجه و پستو نامیده شده رنجیده خاطر هستند.». ما چیزی نمی‌توانیم بسازیم غیر از پستوی جاروب.

[28] Baltimore Sun

زنان معمار گاهی اوقات، به بالای طویل‌ترین ساختمان‌ها می‌رفتند تا دیدگاه‌ها و نظرات را در این زمینه تغییر دهند. در سال ۱۹۱۱، به‌طور مثال، فیکلاگ[۲۹] ، یک معمار زن موفق شهر نیویورک اصرار کرد با او زمانی‌که او بر روی تیر طبقه‌ی نهم برجی که آن‌را می‌سازد آویزان شده است مصاحبه کنند. وقتی‌که از او پرسیدند آیا گرایش خاصی در معماری وجود دارد که شایسته‌ی زنان در این حرفه باشد، او پاسخ داد «من فکر نمی‌کنم که یک زن معمار باید به چیزهای کوچک راضی شود به غیر از این‌که کسب‌وکار ساختمان‌سازی راه بیاندازد. این‌جایی است که می‌تواند به پول و نام دست یابد. اجازه دهید زنان هم در این رشته همانند مردان باشند. تنها چیزی که نیاز دارند شجاعت است»، کلاگ خود چنین قوت قلب و شجاعتی را دارا بود که گزارشگر به تنهایی از شرح این‌که معمار با مسرت دربالای شهر نیویورک به این سو و آن‌سو می‌جنبد وحشت‌زده شده بود. پیش از این، به‌واسطه‌ی طراحی ساختمان ها و شرکت در نمایشگاه‌های جهانی که از لحاظ اجتماعی دارای اعتبار بالایی بودند، در حدود اولین دهه‌های ورود به حرفه‌ی معماری، زنان تصویر اجتماعی خود را فراتر از قلمرو درون مرزی پیش‌بردند. پدیده‌ی گسترش طراحی غرفه های نمایشگاهی توسط زنان در آمریکا و اروپا بازتاب تلاش‌های رو به رشد در کشورهای غربی بود که از طریق آشکارکردن شرایط عینی و مربی زنان و جانفشانی آن‌ها هم برای خانواده و هم جامعه موجب ارتقا و بهبود موقعیت اجتماعی و اقتصادی زنان شده بود.

حضور زنان در سال ۱۸۹۳ در نمایشگاه جهانی کلمبیا در شیکاگو[۳۰] ، در سال ۱۸۹۵ در نمایشگاه جهانی پنبه درآتلانتا[۳۱] ، در سال ۱۸۷۹ در نمایشگاه

[29] Fay Kellog

[30] by Sophia Hayden

[31] by Elise Mercur

صدساله و ملی تنسی[۳۲] و در سال ۱۹۱۴ در نمایشگاه ورکباند آلمان درکلانگ[۳۳] هارس‌درفرو[۳۴] یا پاویلیون زنان در نمایشگاه ورکباند[۳۵] همگی رویدادهایی بودند که از نظر تاریخ‌نویسان نقطه‌ی عطفی در توسعه‌ی معماری مدرن به‌شمار می‌رفتند و باید مورد مطالعه قرار می‌گرفتند. به دلیل استفاده از فرم‌های بی‌پیرایه و جسورانه در طراحی پاویلیون جنبشی به حرکت درآمد که برخی از منتقدان طراح را واداشت تا به گفتگو در این مورد بپردازند که پاویلیون فاقد «متانت زنانه» است و طراحی‌ها را به عنوان یک نقاب معمارانه در لباس مردان مورد استهزاء قرار دادند. حدود بیست سال پیش، طراحی هایدن برای ساختمان زنان در نمایشگاه جهانی کلمبیا در شیکاگو مورد انتقاد قرار گرفت. در حالی که «حالات و منش زنانه» در طراحی ساختمان زنان مورد توجه بود به سبب خلق اثری ضعیف و محجوبانه مورد سرزنش قرار گرفت، به خصوص در مقابل طراحی‌های استادانه و مردانه دیگر ساختمان‌ها در نمایشگاه. هم‌زمان با نمایشگاه ساختمان، زنان معمار در مسابقه‌های معماری با اعتبار فراوانی شرکت کردند و برنده شدند.

در سال ۱۸۹۴، به‌طور مثال، دو دختر جوان که به تازگی دوران نوجوانی را پشت سر گذاشته بودند، آلیس هندزر و مری گالون[۳۶]، زنانی که در آمریکا اولین شرکت مشاور معماری زنان را تشکیل دادند، در مسابقه‌ی طراحی برای بیمارستان فلورانس در سانفرانسیسکو برنده شدند. زمانی‌که طرح آن‌ها ساخته شد، طراحی آن مورد ستایش واقع شد و به عنوان عالی‌ترین و قابل اجراترین، مرکز بهداشت در ساحل آرام شناخته شد.

[32] by EmilieWinkelmann

[33] by Margarate Knuppelholz-Roeser

[34] The Haus der Frau

[35] WerkbundExhibition

[36] Alice Hands & Marry Gannon

در سال ۱۹۰۷، امیلی وینکلمن[۳۷]، اولین زنی بود که استودیو معماری را در آلمان برپا کرد و جایزه‌ی مسابقه برای بزرگ‌ترین مرکز تفریحی در نزدیکی میدان الکساندر در برلین را از آن خود کرد. او همچنین موقعیت برتری برای ارایه طرح مبتکرانه‌ای برای زمین با اشکال نامنظم کسب کرد که این برتری موجب دستپاچه و گیج شدن رقبای مرد شد. دو سال بعد، درسال ۱۹۰۹، اتل چالرز[۳۸]، اولین زن عضو مؤسسه‌ی پادشاهی معماران انگلیس، رتبه‌ی اول مسابقه برای طراحی کلیسا در برلین را در مقابل ۲۰۰ نفر معمار از آن خود کرد. در سال ۱۹۱۵، یکی دیگر از شرکت‌های مشاور معماری زن[۳۹]، طراحی کلوب شهری را در مسابقه شیکاگو برد که در آن مسابقه از معماران خواسته شده بود که مرکز همسایگی شهری را در نقاط مختلف آمریکا طراحی کنند. پروژه‌ی آن‌ها طراحی درباره‌ی یک محوطه یک مایل مربعی در برونکس[۴۰] را پیشنهاد می‌کرد به نحوی که برای شهروندان خدماتی نزدیک خانه را تأمین کند (همانند مراکز عمومی ، پارک‌ها و مدارس).

در سال ۱۹۲۸، در جهان معماری، نفس‌ها در سینه حبس شده بود تا نام برنده‌ی مسابقه‌ی بین‌المللی برای تئاتر یادبود شکسپیر، یکی از معتبرترین ساختمان‌های عمومی به گوش همه برسد. برنده الیزابت اسکات[۴۱]، یکی از فارغ‌التحصیلان مدارس معماری لندن بود، طراحی ساده و عملکردگرایانه‌اش- یکی از نمونه‌های اوایل مدرنیسم در انگلستان- بود که در برابر ۷۱ معمار مرد از کانادا، انگلستان وآمریکا برنده شد.

[37] Emilie Winkelmann

[38] Ethel Charles

[39] Marcia Mead & Anna Schenk

[40] Bronx

[41] Elizabeth Scott

پیروزی اسکات در روزنامه‌های بین‌المللی با این سرتیتر به‌طور گسترده‌ای منتشر شد «دختران معمار مردان را شکست دادند». علی‌رغم چنین موفقیت‌هایی، کلیشه‌هایی برای زنان معمار نظیر عنوان‌های نامناسب همانند طراح داخلی یا خانگی، ایستادگی لجوجانه در برابر تغییر را اثبات می‌کرد. درخلال نیمه‌ی اول قرن بیستم و سال‌های میانی ۱۹۶۰ و ۱۹۷۰، درخواست‌ها برای اصلاح و بهترکردن طراحی خانه‌ها در روزنامه‌های آمریکای شمالی و اروپا تکرار می‌شد به نحوی که زنان تشویق شدند که حضور در حرفه‌ی معماری را همانند دارویی شفابخش ادامه دهند. زنان معمار محدودیت‌های چنین استراتژی را نکوهش می‌کردند؛ در سال ۱۸۹۱، لوییس بتون[۴۲] کسی‌که دفتر معماری بسیار موفقی را در بوفالو در دهه‌ی اخیر راه انداخته بود، هشدار داد که شرکت در ساخت چنین خانه‌هایی بدترین دستمزد کاری برای یک معمار خواهد داشت، نظریه‌ای که بعداً توسط فیکلاگ[۴۳] ارایه شد.

پیشرفت در خانه‌سازی در دهه‌های بعد از جنگ جهانی دوم به نظر می‌رسید که احتمالا تجدید و پرمنفعتی را برای حضور زنان در حرفه‌ی معماری در برداشته باشد تا خدمات را به عنوان متخصصین بومی به بازار عرضه کنند. سخنرانی شیکاگو درباره جین وهریوم[۴۴]، یک معمار زن با پروانه‌ی کاری در حرفه‌ی معماری و با تجربه‌ی کاری موفق در طراحی مسکونی در شیکاگو او را به عنوان یک «کدبانوی جوان بانشاط و جذاب» توصیف می‌کند و نقل قول شده است که او زنان را تشویق می‌کرد که به صورت حرفه‌ای به معماری بیاندیشند. او بازگو می‌کند «زنان دارای تمایل ذاتی برای طراحی خانه هستند»، اما مردان به نظر می‌رسد که پروژه‌های

[42] Louise Bethune

[43] Fay Kellog

[44] Jean Wehrheim

بزرگ را ترجیح می‌دهند از جمله ساختمان‌های ادارای و عمومی، اما وقتی که زمان برای طراحی یک آشپزخانه فرا می‌رسد زنان به خوبی می‌دانند که چه باید کرد. اوایل سال‌های ۱۹۶۰ جنبش برابری حقوق زنان از زنان معمار دعوت کرد که از خانه بیرون بیایند، فراخوان برای آگاهی همگانی بود. در سال ۱۹۴۹ این تعداد به ۳۰۰ نفر کاهش یافت. در سال ۱۹۶۰ تعداد زنان معمار بیشترکاهش یافت و به ۲۶۰ نفر در حرفه‌ی معماری رسید-کاهش تقریباً یک سومی در ۲۰ سال گذشته.

در سال ۱۹۷۵، روند کار وارونه شد و تعداد ۴۰۰ نفر زن معمار در آمار ملی گزارش شد که از لحاظ درصدی در سال ۱۹۷۵ زنان تنها ۲.۱ درصد از کل معماران دارای پروانه درآمریکا بودند. در سال ۱۹۲۶، زنان تنها یک درصد کل معماران در آمار ملی را تشکیل داده بودند و پنجاه سال بعد، تنها ۳ درصد افزایش دیده شد. زمانی‌که یک نویسنده شرایط را در سال ۱۹۷۷ برآورد کرد این آمار به نظر نامعقول بود. این پیشرفتِ ضعیف، به سادگی، محکومیت زنان را درحرفه‌ی معماری تصدیق می‌کرد و به عبارت دیگر نشانگر این امر بود که زنان اندوخته‌ی کمی جهت ارایه در حرفه‌ی معماری دارند، چه به سبب ارزش‌های فرهنگی و سنت و چه به سبب شرایط جسمانی. برور[۴۵] طراح تربیت شده باوهاس، یکی از صداهای تأثیرگذار مدرنیسم، زنان معمار را برای دفترش[۴۶] استخدام می‌کرد و ادعا می‌کرد «بهترین نقشه‌کشان» را تربیت کرده است. او باور داشت که حد و مرزی برای حضور زنان در این حرفه وجود ندارد؛ درباره‌ی جایگاه زنان در معماری او بیان می‌کند که برای زنان به دست آوردن نام و موقعیت در طراحی ساختمان (ارایه‌ی پلان و نظارت در اجرا) بسیار دشوار است. برور[۴۷] از فرستادن زنان به محوطه‌های ساختمانی اجتناب

[45] Breuer

[46] Madison Aveneue Office

[47] Breuer

می‌ورزید زیرا از نظر او زندگی زنان به همسرداری و تربیت فرزندان ختم می‌شود و مشکل اساسی به‌طور کلی قضیه‌ی تفاوت‌های جسمانی است. ازدواج و مادرشدن یک کارتمام وقت است اما جنبش آزادی‌طلبی زنان نمی‌خواهد این موضوع را درک کند. در یک مقاله در نیویورک تایمز سال ۱۹۷۷، منتقد معماری لوییس هاکستبل[48] با عصبانیت اظهار کرد که هنوز از زنان معمار به عنوان زنان خانه‌دار تکریم می‌شود زنان معمار باید از آشپزخانه رهایی یابند. آن‌ها به خانه زنجیر، محدود و محکوم شده‌اند- سر و سامان بخشیدن خانه و طراحی داخلی به نام طراحی مفید، مناسب و متعلق به تمامی خانواده است. اما از زنان انتظار می‌رود که بیشتر از هر شخص دیگری درباره‌ی آشپزخانه و موضوعات مرتبط با آن به طور عملی و نمادین بدانند و نظر دهند، در خلال همکاری‌های صمیمانه و دلواپسی‌های طبیعی، زنان مدام در حال تناقض بین سر و کار داشتن با خویشاوندان و همبستگی با خانواده به عنوان یک مزیت و یا به عنوان یک عامل محدودکننده هستند. هاکس‌تبل به طور واضح بیان کرد که او ارزش خانه‌داری و زندگی خانوادگی را پست نمی‌شمارد. همچنین او اظهار داشت که ناتوانی یا عدم تمایل زنان معمار برای دورشدن از خانه، اساساً روش بی‌صدا و بی‌پاداشی است برای زندگی و طراحی در چارچوب معماری و محیط مصنوع. او ادامه داد: «بله، طراحی خانه مهم است، اما نه به این اندازه مهم. آنچه مهم است این نکته است که این موضوع مانعی است که زنان را از لحاظ پرورش مهارت‌های معماری و محیطی عملاً به جایی نمی‌رساند.».

هاکس‌تبل درقرن نوزدهم درباره‌ی احساس و درک خانگی زنان موعظه‌های زیادی نوشته بود، «از استعدادهای زنان معمار و دیدگاه‌های حرفه‌ای آن‌ها جلوگیری شده است و به طور ناخوشایندی برای یک قرن مبارزه و کار کوچک شمرده شده‌اند.». حتی اگر یک نفر با ارزیابی‌های هاکس‌تبل درباره‌ی ناچیز شمردن حضور زنان درحرفه‌ی معماری مخالف باشد، با یک نظر به

---

[48] Ada Louise Huxtable

تعداد و یا با یک دیدکلی می‌توان دریافت که زنان معمار در مدارج حرفه‌ای شکست خورده‌اند. سرشماری اشتغال به کار در آمریکا در سال ۱۹۳۹، تعداد زنان معمار را به طور ملی ۳۷۹ نفر اعلام کرد. از کارمندان زن دفتر برور برای نشر مقاله‌ای در روزنامه‌ی نیویورک تایمز ریتاریف[۴۹] مصاحبه‌ای به عمل آورد و بانوان، دشواری کار در حرفه‌ی مردانه‌ی معماری را تصدیق کردند.

شکل۲- زن سازنده‌ای درآلمان که جرأت خود را در روزنامه‌ها به رخ می‌کشد. او در حال تعمیر ساختمان شهرداری برلین درسال ۱۹۱۰ است. مآخذ: آرشیو نگارندگان.

تلاش‌های هم‌سو و مداومی توسط زنان آمریکا در دهه‌ی ۱۹۶۰ برای مبارزه علیه تبعیض انجام گرفت و جای شگفتی است اگر جهان معماری تحت تأثیر چنین تلاش‌هایی قرار نگرفته باشد. در سال ۱۹۷۰، جین

---

[49] Rita Reif

هولتزکی[۵۰]، منتقد معماری انجمن بوستون، بر موضوع حضور زنان در حرفه‌ی معماری متمرکز شد و آن‌ها را به فاصله گرفتن از جنبش زنانه متهم کرد: «برخی می‌گویند، زنان در دنیای مردان با کلاه ایمنی‌ها کار می‌کنند، اما آن‌ها دستکش مخملی می‌پوشند و ترجیح می‌دهند که در موضوع آزادی‌طلبی زنان ساکت باشند.». کسانی‌که از زنان طراح در بوستون مصاحبه به عمل آوردند افرادی بودند که ادعا می‌کردند هرگز تجربه هیچ تبعیض و غرض‌ورزی را نداشتند و مدعی شدند که اگر مشکلات بیشتر شود نزاع‌طلبی نیز بیشتر می‌شود. به نظر آن‌ها مردان و زنان با مشکلات یکسانی روبرو هستند، اما زنان بسیار حساس‌ترند و تبعیض و تمایز بیشتری را احساس می‌کنند.

در سال ۱۹۷۳، ریف دومین مقاله درباره‌ی حضور زنان در حرفه‌ی معماری را نوشت؛ کسانی‌که او آن‌ها را «تازه‌واردان در جنبش زنان» خواند و متذکر شد «زن‌ها به زودی درباره‌ی تجارب شخصی حضور زنان در حرفه‌ی معماری و از تبعیض کم تا تامی که بر آن‌ها تحمیل شده اطلاعات بسیاری پیدا می‌کنند.». همچنین زنان معمار شروع به سازماندهی گروهی جهت مبارزه‌ی دسته‌جمعی علیه تبعیض و حضور زنان در این حرفه کردند. همان‌طور که گابریلاسپردی[۵۱] تعریف می‌کند، مؤسسه‌ی معماران آمریکا[۵۲]، تبدیل به «یک انجمن (خانه‌ی معماران) انحصاری مردان» شده است. اگرچه زنان از سال ۱۹۸۸ اجازه عضو شدند در این انجمن راداشتند؛ وقتی لوییس بتون[۵۳]، اولین زن عضو خانه‌ی معماران شد هشت سال بعد از او، زنان از شرکت در این مجموعه دلسرد شدند و تقریباً زنان حضوری در این سازمان نداشتند. در گردهمایی ملی سال ۱۹۷۳ در سن‌فرانسیسکو، درباره‌ی «وضعیت

[50] Jane Holtz Kay

[51] Gabrielle Esperdy

[52] AIA

[53] Louise Bethune

حضور بانوان در حرفه‌ی معماری»، جودیت ادلمن[۵۴] ، اولین زن انتخاب شده به عنوان مجری کمیته‌ی مؤسسه‌ی معماری زنان شهر نیویورک از مؤسسه درخواست کرد که زنان عضو هم‌صدا و یکپارچه در اقدام منسجمی درباره‌ی تبعیض علیه زنان شرکت کنند. اما از تصمیم در این باره با مخالفت و بگوومگوی فراوان اجتناب شد. با این وجود وقتی‌که مؤسسه برآوردی از حضور زنان در حرفه‌ی معماری در سال ۱۹۷۴ به عمل آورد تا شرایط آن‌ها را در این حرفه ارزیابی کند، تصویری فراگیر و عمیق از تبعیض را گزارش کرد که دستمزد کم‌تر برای زنان معمار، آزار و اذیت جنسی و موانع بسیار برای پیشرفت و ارتقا در این مسیر بود.

برخلاف اصرار زنان برای حضور و دستیابی به تساوی در حرفه‌ی معماری، برآورد به روشنی از استیصال زنان و ناامیدی وضع موجود خبر می‌داد. در توافق با فعالیت‌های بیشتر در این زمینه، زنان معمار گروه‌های مستقلی را تشکیل دادند تا برای برابری حقوق حرفه‌ای‌شان بیشتر اصرار ورزند. سازمان زنان معمار[۵۵] ، که در سال ۱۹۷۰ افتتاح شده مانند دیگر سازمان‌های فمینیستی در این زمان با هدف افزایش آگاهی از تبعیض زنان در محیط کار و همچنین پشتیبانی از آن‌ها برای پیشرفت در حرفه‌شان آغاز به کار کرد. حس هماهنگی آرا و ارتباط با دیگر زنانی که در این سازمان عضو بودند سبب شد که به آن‌ها کمک شود تا بر حس عزلت و تنهایی «وسواس و دمدمی مزاج بودن» غلبه کنند. برخی از این گروه‌ها از جمله سازمان زنان معمار تا به امروز فعال باقی مانده‌اند و مأموریتشان را فراتر از آن‌چه انتظار می‌رود به انجام می‌رسانند. نه تنها سازمان‌های مرتبط به حرفه‌ی معماری بلکه دانشکده‌های معماری نیز به طور موشکافانه‌ای در این حوزه مورد بررسی قرار گرفتند به این سبب که دانشگاه‌ها در حفظ و ایجاد ساختارهای قدرت و

[54] Judith Edelman

[55] OWA

برتری زنان در حرفه‌ی معماری نقش مهمی دارند. هفت زن از هفت پیشینه‌ی مختلف در طراحی، مدرسه معماری و شهرسازی زنان را در فاصله‌ی سال‌های (۸۱-۱۹۷۵) بنیانگذاری کردند. جنبش برابری حقوق زن و مرد (فمنیستی) همچنین شروع به اعمال نفوذ درمدارس معماری ازطریق برنامه ریزی‌های ویژه‌ای کرد. در سال ۱۹۷۴ در کنفرانس برنامه‌ریزی شده توسط زنان دانشجوی معماری در دانشگاه واشنگتن در سنت لوییس و در کنفرانس طراحی زنان ساحل غربی سازمان یافته شده توسط زنان دانشجوی رشته طراحی محیطی و هیأت علمی که در همان سال در دانشگاه ایالتی اورگان[۵۶] برگزار شد، دنیس اسکات براون درباره‌ی تبیعض جنسیتی و سامانه‌ی نخبه‌سالاری در معماری صحبت کرد.

در دهه‌ی ۱۹۷۰ همچنین ظهور جنبشی نو را تجربه می‌کنیم که در ابتدا، تنها یک تحول به سبب نوشتارهایی درباره‌ی حضور زنان در حرفه‌ی معماری بود و تاریخچه‌ی حرفه‌ای حضور زنان را به تصویرمی‌کشید و موضوعاتی را مورد خطاب قرار می‌داد که زنان در جهان معاصر در حرفه‌ی معماری با آن روبرو هستند. مقاله‌ی جامع و تکان‌دهنده‌ی آلن برکلی پری درباره‌ی تبعیض علیه حضور زنان در این حرفه در میزگرد معماری در سال ۱۹۷۲ مطرح شد که بر تسریع حضور بسیاری از زنان در حرفه‌ی معماری تأکید داشت. در همان سال، سوزانا تور[۵۷] و گروه کوچکی از زنان معمار در شهر نیویورک تصمیم گرفتند که نمایشگاهی از آثار حرفه‌ای زنان برگزار کنند و در اتحادیه‌ی معماران در اداره‌ی مرکزی نیویورک منابع بایگانی از آثار زنان در حرفه‌ی معماری بنیانگذاری کردند تا از حضور زنان در حرفه‌ی معماری پشتیبانی شود. مطالعات وسیعی در سال ۱۹۷۷ انجام گرفت و کتابی با عنوان حضور زنان در حرفه‌ی معماری در آمریکا تدوین شد که از دیدگاه معاصر و

[56] Oregon State University

[57] Susana Torre

تاریخی و از یک قرن تلاش حضور زنان در حرفه‌ی معماری در آمریکا با تمرکز بر امور داخلی و ملی سخن می‌گفت. این نسخه از کتاب، ویرایش شده توسط تور[۵۸]، همچنین به عنوان دفترکی برای نمایشگاهی که در موزه‌ی بروکلیندر[۲۴] فوریه سال ۱۹۷۷ افتتاح شد استفاده شد و شاید این اولین نمایشگاه در تاریخ زنان معمار بود. هاکس‌تبل (منتقد حضور زنان در حرفه‌ی معماری) نیز در میان بازدیدکنندگان بود و این نمایشگاه جرقه‌ای شد که او را بی‌درنگ به فعالیت واداشت که مقاله‌ای را در نیویورک تایمز بنویسد. در همان سال، کتابی با عنوان خانم معمار[۵۹] و مجموعه‌ی جدیدی از کتاب‌های «چه حرفه‌ای را انتخاب کنید؟» نوشته شد که زنان جوان را به وارد شدن به رشته‌های مختص مردان ترغیب می‌کرد. اولین گفتگوها درباره‌ی حضور زنان در حرفه‌ی معماری بدین‌گونه با بستن امضای تعهدنامه‌ای پایان یافت و دومین موج آزادی‌طلبی زنان در دهه‌ی ۱۹۷۰ که دنباله‌رو اولین جنبش در اواخر قرن نوزدهم بود یک‌بار دیگر بر روی موضوع تبعیض در برابری حقوق زن و مرد در حرفه‌ی معماری تأکید کرد. در همان زمان، با نگاهی کلی به یک قرن پیشرفتی که زنان در این حرفه داشتند و تلاش برای دستیابی به برابری با مردان همکار در حرفه‌ی معماری در نهایت شگفتی نشان داد که از حضور زنان در حرفه‌ی معماری کاسته شده است ولی به این معنا نیست که آن‌ها به‌طور قابل ملاحظه‌ای برای این هدف تلاش نکرده‌اند زیرا زنان معمار در شکل دادن جنبش طراحی مدرن و مداخله‌ی پویا در منظر شهری کشورهایی در اروپا و آمریکای شمالی بسیار تأثیرگذار بوده‌اند. پیشرفت زنان در تاریخ حرفه‌ی معماری نبایست دست‌کم گرفته شود و مایه‌ی بیزاری از حضور و مشارکت زنان در این حرفه باشد. با این همه، درسال‌های ۱۹۷۰ از تعداد زنان در حرفه‌ی معماری کاسته شد و گفتگو درباره‌ی این‌که زنان معمار

[58] Torre

[59] Ms. Architect

چیزی بیشتر از طراحان بومی باشند دیگر اعضاء را سخت برآشفت. با این وجود، زنان به‌طور منحصر به فردی نقش مدیریتی در حرفه‌ی معماری را به عهده گرفتند و علی‌رغم موانع در سازمان‌ها نفوذ کردند و بعد از چندین سال پیشکسوتی در این راه که بیانگر مبارزه، پیشرفت و مستحکم‌سازی حضور زنان در حرفه‌ی معماری است این پرسش پیش‌خواهد آمد که چگونه زنان جایگاه خود را در حرفه‌ی معماری تثبیت خواهند کرد و به اهداف‌شان نایل خواهند شد؛ به نحوی که حضور آن‌ها فراتر از شرایط بیرونی و محیطی سبب حرکت و تحول درحرفه‌ی معماری شود.

فصل ۲- شرایط اندوهناک تساوی حقوق زن و مرد در حرفه‌ی معماری

طبق آمار در اوایل قرن بیست و یکم، ۴۴ درصد از دانشجویان معماری در ایالات متحده آمریکا و انگلستان، زنان بودند. این آمار شاید نشانه‌ی امیدوارکننده‌ای برای آینده‌ای با برابری بیشتر برای حضور زنان ایالات متحده و انگلیس در حرفه‌ی معماری باشد؛ با وجود این، حرفه‌ی معماری یکی از پردردسرترین حرفه‌ها در جامعه‌ی امروزی است و با ورود پرشمار زنان به این حرفه در دهه‌های گذشته، افزایش قابل‌توجه‌ی را در تعداد حضور زنان در حرفه‌ی معماری نداشته‌ایم به این سبب که زنان فارغ‌التحصیل از این سامانه به تدریج خارج شده‌اند. پرسش‌ها درباره‌ی عدم حضور حرفه‌ای زنان در معماری و دیگر سؤالات هنوز ادامه دارد و تا حد زیادی بر شرایط حضور ورود زنان به حرفه‌ی معماری متمرکز شده است، (به خصوص در سال‌های اولیه‌ی تغییر و گذار).

آمارها حاکی از این است که برخی از دانشجویان زن از شرایط تحصیلی مناسبی برخوردار نیستند در حالی‌که جامعه‌ی امروز نیاز به زنان تحصیل‌کرده‌ای را دارد که باید برای شرایط حرفه‌ای که با آن روبرو خواهند شد آمادگی بیشتری پیدا کنند.

علاوه بر این در دانشگاه‌ها باید نگرش‌های تبعیض‌آمیز و فرایند اشتغال‌زایی در این حرفه که فارغ‌التحصیلان را به سمت فرصت‌های شغلی و محیط کار هدایت می‌کنند زیر سئوال برده شوند. پذیرش دانشجویان زن در رشته‌ی معماری در ایالات‌متحده بدون تلاش‌های اولیه برای از بین بردن

موانع آموزشی و وضع ماده‌ی نه مطرح قانونی آموزش در سال ۱۹۷۲ امکان پذیر نمی‌شد. اگرچه، برخی از مدارس معماری ازجمله دانشگاه کُرنل و دانشگاه ایلی‌نویز، شروع به پذیرش دانشجویان زن در اواخر قرن نوزدهم کردند ولی بسیاری از دانشگاه‌ها درب‌های خود را تا زمانی که قانوناً مجبور نشدند به روی بانوان باز نکردند. معمار کاسندرا کارول[60] که روزنامه‌ی نیویورک تایمز در سال ۱۹۷۷ با او مصاحبه‌ای به عمل آورد، عنوان کرد که وقتی برای پذیرش در رشته‌ی معماری در اواخر دهه‌ی ۱۹۵۰ درخواست کرده بود، هیچ دانشکده‌ی معماری برای زنان در نیوجرزی وجود نداشت و او مجبور شده بود برای دنبال کردن تحصیلات خود به پنسیلوانیا نقل مکان کند. تحت تأثیر قانون‌گذاری جدید و فعالیت‌های مستمر جنبش زنان، پذیرش خانم‌ها در رشته‌ی معماری افزایش رو به رشدی را آغاز کرده است.

در سال ۱۹۷۲، زنان کم‌تر از ۶ درصد از دانشجویان معماری در ایالات متحده آمریکا را تشکیل می‌دادند و تا سال ۱۹۷۵، با وضع ماده‌ی نهم، درصد تعداد دانشجویان زن دو برابر شد و به ۱۴ درصد رسید. یک دهه بعد، در سال ۱۹۸۵، این تعداد دو برابر شد و به ۳۰ درصد آمار ملی رسید، اگرچه آمار در بسیاری از مدارس خصوصی معماری متغیر بود (گاهی کم‌تر از ۷ درصد و گاهی بیش‌تر از ۵۰ درصد). در اواخر دهه‌ی ۱۹۹۰ تعداد دانشجویان زن به ۴۰ درصد از دانشجویان معماری در سطح ملی رسید و در سال‌های بعد تعداد زنان دانشجو در رشته‌ی معماری افزایش اندکی داشت.

با وضع قانون ضدتبعیض به نظر می‌رسید که مدارس معماری به طور کامل به تبعیض علیه حضور زنان در رشته‌ی معماری پایان دادند. الن پری برکلی[61] در مقاله‌ای در سال ۱۹۷۲ با عنوان «زنان در حرفه‌ی معماری» تصویر پریشان و مضطرب زنانی را به تصویر کشید که از دنبال کردن

---

[60] Cassandra Caroll

[61] Ellen Perry Berkeley

تحصیلات در رشته‌ی معماری دلسرد و ناامید شده‌اند و هیأت داوران دانشگاه از ارایه‌ی نظرات درباره‌ی ایرادها و بهترشدن آثارشان اجتناب ورزیده‌اند؛ به این سبب که حضور زنان در حرفه‌ی معماری موقعیت‌های کاری را از مردان گرفته است. همچنین، متصدیان امور مالی پاداش‌های کمتری به آن‌ها نسبت به دانشجویان مرد در رشته‌ی معماری اختصاص دادند با این فرضیه که دانشجویان زن «محتملاً» همسرانی دارند و یا خواهند داشت که آن‌ها را پشتیبانی مالی می‌کنند.

ماده‌ی نهم شرایط را برای زنان در نظریه تغییر داد اما در عمل موضع دیگری اعمال شده بود. در دهه‌ی ۱۹۹۰، گزارش‌ها از کانادا و ایالات متحده به این نکته اشاره داشتند که محیط پرکینه و حتی شیادانه‌ای ایجاد شده است و زنان در برخی از مدارس معماری با آن روبرو هستند. در ژانویه ۲۰۱۴، مجله معمار اعلام کرد که «به طور تکان‌دهنده‌ای» ۵۴ درصد از زنان دانشجو در رشته‌ی معماری در پاسخ به مطالعات آماری جهانی درباره‌ی شرایط زنان در حرفه‌ی معماری اعلام کردند که تبعیض جنسیتی را در مدارس معماری تجربه کرده‌اند.

هر چند اشکال دیگر تبعیض درباره‌ی حضور زنان در مدارس معماری که بیشتر به صورت پنهانی شایع بوده از قلم افتاده و ذکر نشده است؛ به طورمثال، نقش زنان در تاریخ در حرفه‌ی معماری چه به عنوان سازنده، طراح و یا منتقد نادیده گرفته شده و در مدارس به آن اشاره‌ای نشده است؛ اما سه دهه‌ی بعد نوشته‌هایی درباره‌ی حضور زنان در حرفه‌ی معماری دیده شد. کتاب‌ها و مقاله‌ها ریشه‌های تاریخی حضور زنان در معماری را کاووش می‌کردند، موقعیت حرفه‌ای‌شان را بررسی می‌کردند و انتقادها نسبت به طراحی و برنامه‌ریزی شهری طرفدار حقوق زنان بودند.

نوشته‌ها و تفاسیر در این دوره نحوه‌ی ارتباط تغییرات زیستی با طراحی را بیان می‌کردند- به‌طور مثال، مردان برج‌هایی شبیه به آلت تناسلی مردانه طراحی کرده و زنان به سمت اشکال دارای انحناء و قوس‌های ظریف زنان و

شبیه زهدان کشیده شده‌اند- چنین نقطه‌نظرهایی هنوز کاملاً از بین نرفته است؛ منتقدان پروژه‌ی «استودیو الواکره[۶۲]» زاها حدید در کشور قطر آن‌را به عنوان«یک فرم برآمده‌ی شبیه آلت زنانه» توصیف می‌کنند.

در اوایل دهه‌ی۱۹۹۰ حضور مرد و زن در نظریه‌های معمارانه دیده می شود و ارزش‌های جنسی در تجزیه و تحلیل سبک‌های معماری مورد آزمایش قرارگرفتند؛ به عنوان مثال طراحی ساختمان را مختص جنس مذکر و دکوراسیون داخلی مختص مؤنث می‌دانستند. امروز پس از دهه‌ها تحقیق، محتوای نوشته‌های ادبی مربوط به حضور زنان و جنسیت مؤنث درحرفه‌ی معماری شکل گرفته است اما نفوذ آن در دانشکده‌های معماری محدود است. در دهه‌ی۱۹۸۰ و۱۹۹۰ شاهد تغییر، تحول و دگرگونی در رشته‌های علوم انسانی و هنر در دانشگاه‌های اروپایی و آمریکای شمالی هستیم و امروزه به نظر تکان‌دهنده است اگر به طور مثال، واحد درسی در تاریخ جهان هنر پیدا کنیم و یا در نظریه‌های فرهنگی بیابیم که بانوان در آن نقشی نداشتند و این روال در واحدهای درسی نظری و تاریخ ارایه شده در مدارس معماری نیز عادی شده است. هر چند به علت برخی حذفیات در فهرست نام زنان، نمی‌توان بهانه‌تراشی کرد که چون منابع مورد نیاز در دسترس نیستند این اتفاق افتاده است زیرا منابع به فراوانی در دسترس هستند. اما برای یافتن راهی جهت افزودن منابع به برنامه‌های درسی و قفسه‌ی کتابخانه‌ها نیاز به ایجاد تغییر و دگرگونی در روند آموزش هستیم. به‌طور مشابه در دانشکده‌های معماری استودیوهای طراحی که جنسیت و زنان را در مرکز توجه خود قرار داده باشند تقریباً وجود ندارند.

برنامه‌ی آموزشی استودیوی طراحی در قلب هر برنامه‌ی درسی معماری است و طبق علایق و تجربه‌های اساتید دانشگاه شکل می‌گیرد. البته این موضوع ساده‌انگارانه است که فرض کنیم که اساتید زن بیشتر به واحدهای

[62] Al Wakrah Stadium

مرتبط به زنان علاقه‌مند هستند و اساتید مرد به چنین مقوله‌ای اصلاً علاقه‌مند نیستند؛ عدم تعادل جنسیتی در اعضای هیأت علمی مدارس معماری قطعاً در عدم حضور زنان در واحدهای استودیو دخیل بوده است. یک دانشجوی زن در پاسخ به مجله معمار ۲۰۱۴ اظهار نارضایتی می‌کند که، «اساتید زن به اندازه‌ی کافی در مراکز آموزشی معماری حضور ندارند و حوزه‌ی تدریس بسیار مردسالارانه است.». در ایالات متحده آمریکا، حدود یک‌چهارم اساتید دانشگاه در مدارس معماری زن هستند؛ این درصد در برگیرنده تمامی متخصصین، به‌طور مثال در زمینه‌ی دروس تاریخ و دروس نظری است که بیشترین علاقه‌مندان زن را در بردارد. حتی در بسیاری از مدارس، حضور زنان در میان استادان طراحی بسیار ناچیز است به این سبب که در استودیوهای طراحی، به‌خصوص در رده‌های بالای لیسانس و فوق لیسانس، گرایش به تخصیص دادن واحدهای درسی به اساتید براساس سابقه‌ی تدریس است و زنان کمتری استخدام هیأت علمی هستند و واحدهای طراحی استودیو را تدریس می‌کنند و اگر هم در این سمت خدمت می‌کنند کمتر احتمال دارد که موضوع‌های بحث‌برانگیز در طراحی را در استودیوهای طراحی معماری ارایه دهند.

چندین سال قبل یک زن استاد استودیوی طراحی و عضو هیأت علمی یکی از مدارس رده بالای ایالات متحده، استودیوی طراحی را برای دانشجویان لیسانس عرضه کرد که موضوع آن طراحی خانه‌ای برای نجات یافتگان از خشونت خانگی بود. موضوع حقیقتاً برای یک مدرسه معماری استثنایی بود و یک حرکت پویشگرانه در تاریخ تدریس معماری به شمار می رفت چرا که عموماً دانشجویان و اساتید از واحدهای درسی که بُعد فمنینیستی دارند اجتناب می‌ورزند و در آن زمان انتخاب چنین موضوعی بسیار غیرمعمول به نظر می‌رسید. معماران نقش مهمی در خلق محیطی بازی می‌کنند که حس امنیت را به ساکنانش القاء می‌کند و استودیوی طراحی در دانشکده‌ی معماری به دانشجویانش فرصتی را ارایه می‌دهد که طراحی معماری را با نگرانی‌های

مرتبط با عدالت اجتماعی ترکیب کنند. در پایان ترم، من(نویسنده) در تجدیدنظر نهایی این پروژه به عنوان تنها زن هیأت داوری پنج نفره شرکت کردم. بالغ بر سه ساعت ژوژمان بود و منتقدان مرد بیشتر درباره‌ی جنبه‌های شکلی طراحی صحبت کردند تا جنبه‌های عملکرد پیشنهاد شده برای ساختمان و کاربران. بر اساس دیدگاه نادیده گرفتن و یا عدم علاقه، مردان پروژه را از هدف و بافت خود جدا و به صورت جمع‌بندی کلی از عناصر معماری خلاصه کردند و در نتیجه به چالش کشیدن فضاهای طراحی برای جمعیتی که از یک شوک عاطفی جدی رنج می‌برند بدون کاوش و بررسی عمیق‌تر رها شد. چنین به نظر می‌رسیدکه هیچ دستور زبانی درباره‌ی موضوع معماری محیطی برای بحث در این رابطه در آن زمان وجود نداشت.

لوری براون و نینا فریدمن[۶۳]، بنیانگذاران طرفدار گروه استودیوی معماری بیست[۶۴] در شهر نیویورک، سخنرانی‌ها و انجمن‌های گفتگو میان دانشجویان و اساتید را در هفتاد و سه مدرسه‌ی معماری در ایالات‌متحده در سال تحصیلی ۲۰۱۲-۲۰۱۳ مورد مطالعه قرار دادند و در پاییز همان سال پی بردند که در ۶۲ درصد از مدارس معماری تنها یک سخنران زن و یا هیچ سخنران زنی حضور نداشته است. در بهار سال بعد از آن در بیش از یک سوم مدارس هیچ زنی در تریبون سخنرانی حضور نداشت. امتیاز دادن به حضور زنان در این راه پیغام نیرومندی درباره‌ی این نکته بود که چه کسی از نظر حضار مورد صلاحیت و معتبر شناخته می‌شود. به‌طوری که یکی از دانشجویان در پاسخ به مجله معمار ۲۰۱۴ اظهار کرد که، «از زنان معمار و اساتید زن در دانشگاه قدردانی به عمل نیامده است چرا که هنوز حضور یک زن در حرفه و محافل معماری تقریباً به صورت یک نکته‌ی منفی طلقی می‌شود.».

[63] Lori Brown & Nina Freedman

[64] ArchitectXX

آمارها گمراه‌کننده هستند و نشانگر موضوع تبعیض جنسیتی در مدارس معماری هستند. بیشتر زنان معماری که دعوت می‌شوند تا درباره‌ی کارهایشان گفتگو کنند نمی‌خواهند درباره‌ی تجاربشان در این حرفه در جایگاه زن صحبت کنند. اگر زنان نخواهند درباره‌ی تجاربشان در این حرفه سخن بگویند، چه کسی پیام آن‌ها را خواهد شنید؟ سخنرانی‌هایی که به ویژه زنان را در حرفه‌ی معماری مورد خطاب قرار می‌دهد، چه از لحاظ مسایل معاصر و یا سابقه‌ی تاریخی در پیرامون شرکت در سخنرانی‌های معماری، اندک هستند.

این سکوت متحیرکننده است زمانی‌که مقام زنان تبدیل به یک کابوس روابط اجتماعی در این حرفه می‌شود و با طوفانی از داستان‌های منفی در مطبوعات و وبلاگ‌های برخط ظاهر می‌شود. این موضوع چندان شگفت‌آور نیست که زنان بعد از فارغ‌التحصیلی از مدرسه‌ی معماری برای مقابله با تبعیض جنسیتی جهان حرفه‌ای روبرو نشده باشند.

مقولاتی که زنان معمار برای سال‌هاست از آن سخن می‌گویند عبارت است از: فرصت‌های شغلی برابر، دستمزدهای مساوی، حضور در هیأت علمی، ترفیع و پیشرفت شغلی و غیره. مشاهدات نشانگر پدیده‌ی نامطلوب حذف شدن بسیاری از زنان از حرفه‌ی معماری است؛ اگرچه به تدریج به تعداد زنان معمار افزوده شده است و از یک سوم به ۴۲ درصد از فارغ‌التحصیلان معماری در ایالات متحده رسیده است. در سال ۲۰۰۰، زنان، نماینده تنها ۱۳ درصد از معماران دارای پروانه‌ی اشتغال به کار بودند؛ امروزه این تعداد به ۱۹ درصد رسیده است. اگراین پیشرفت کند شود باید تا سال ۲۰۹۳ منتظر باشیم تا به نسبت۵۰-۵۰ از لحاظ جنس زن و مرد در این رشته برسیم.

فرایند حضور زنان در حرفه‌ی معماری در بسیاری از کشورها از جمله انگلیس و استرالیا نیز به همین صورت بوده است. از دهه‌ی ۱۹۹۰ این پرسش که «جایگاه حرفه‌ای زنان معمار در جامعه چیست؟» به طور مداوم در رسانه‌ها تکرار شده است. مطالعات نشان می‌دهدکه ریشه‌ی مشکلات چیزی نیست

که بیشتر مردم فکر می‌کنند. پاسخ به این پرسش که «جایگاه حرفه‌ای زنان معمارچگونه است؟» آسان است: «در خانه، بچه‌داری می‌کنند» این توضیح هرگز برای زنانی که فرزندی ندارند و در هر حال حرفه‌ی معماری را رها کرده‌اند صحیح نمی‌باشد.

مادرانی که لزوماً به خاطر فرزندانشان معماری را ترک می‌کنند احساس نارضایتی می‌کنند که داشتن فرزند به حرفه‌ی آن‌ها آسیب وارد می‌کند. گزارش مجله معمار ۲۰۱۴ درباره‌ی تشویش شایع زنان درباره‌ی عواقب منفی مادر شدن در حرفه‌ی معماری خبر داد و ۸۸ درصد بر این باور بودند که این امر در حرفه‌ی زنان تأثیر منفی گذاشته است (در مقابل، ۶۲ درصد از مردان معتقد بودندکه داشتن فرزند هیچ تأثیری بر روی شغل پدر ندارد).

متأسفانه، تشویش زنان بی‌اساس نبوده است چراکه زن معماری که خودش را همه فن حریف یا هیچ تعریف می‌کند مجبور است از طرح کاری تمام وقت و یا نیمه وقت خودداری کند تا به وظایف پدر و مادری در خانواده بپردازد. اکثراً انتظار می‌رود که بانوان باردار حرفه‌ی معماری را ترک کنند و یا علاقه‌شان نسبت به حرفه‌شان کم‌تر شود و به این ترتیب از منزلت اجتماعی آن‌ها کاسته شود و از ادامه‌ی فعالیت در حرفه‌ی معماری بازمانده شوند. زنان اکثراً بازگو کردند که پس از بازگشت از استراحت دوران زایمان و پی‌گیری موقعیت شغلی سابقشان که مطابق علاقه و درخواستشان بوده از موقعیت شغلی محروم شده‌اند نه به خاطر نوزادشان بلکه به خاطر رؤسایشان که تصور می‌کردند که آن‌ها قادر به ادامه‌ی مسئولیت‌های سابقشان نیستند. برخی دیگر نیز پی بردند که تمامی موقعیت‌های شغلی و امتیازاتشان از میان رفته است ولی با وجود این تمامی موانع را به جان خریدند و تنها کسری (۸.۳ درصد) از زنان پاسخ‌دهنده در گزارش مجله معمار بیان می‌کنند که روی‌هم رفته وظایف مادری منجر به ترک حرفه‌ی معماری شده است. عدم تساوی فرصت‌های شغلی، نحوه‌ی برخورد و همچنین فرهنگ کاری مردسالارانه در قلب دلایل هجرت زنان از حرفه‌ی معماری قرار دارد.

در سال ۲۰۱۳ در تلاشی برای درک میزان ترک تحصیل زنان در رشته‌ی معماری شعبه‌ی مؤسسه‌ی معماری ایالات متحده در سانفرانسیسکو پروژه‌ای با عنوان «عدم حضور ۳۲ درصدی زنان در حرفه‌ی معماری» را خلق کردند که به نام درصدی از فارغ‌التحصیلان زن معمار که این حرفه را ادامه ندادند نام‌گذاری شد. به عنوان بخشی از مأموریت درباره‌ی این تحقیق، این پروژه وضعیت ۲۳۰۰ مرد و زن معمار را در سطح ملی مورد بررسی قرار داد و به این نتیجه رسید که رضایت شغلی در میان زنان به طور قابل‌ملاحظه‌ای (۲۸درصد) ازمردان (۴۸درصد) کم‌تر است. تمیز دادن دلایل زیاد سخت نبود چرا که اختلاف عمده‌ای در سطح درآمد مردها و زن‌ها وجود دارد. در حرفه‌ای که به ساعت‌های طولانی کار و پاداش کم معروف است این موضوع یک معضل است. فاصله‌ی درآمد در تمامی رده‌های این حرفه وجود دارد از موقعیت‌های کاری در رده‌های مقدماتی و اولیه‌ی شغلی گرفته تا بالاترین رده‌های مدیریتی.

پروژه‌ی «عدم حضور ۳۲ درصدی زنان در حرفه معماری»، گزارشی است که نشان می‌دهد مردهای با ۱۵ تا ۲۰ سال تجربه به‌طور متوسط درآمد سالانه‌ی ۱۰۰،۰۰۰ دلاری دارند اما در مقابل درآمد زنان با تجربه‌ی کاری یکسان سالانه ۸۰،۰۰۰ دلار است. در سال ۲۰۱۴ آمار دفتر مرکزی کاریابی ایالات متحده همچنین گزارش داد که، در میان معماران تمام وقت، مردها به طور میانگین ۲۰ درصد بیشتر از زنان درآمد کسب می‌کنند. مجله‌ی معمار ۲۰۱۴ نیز در گزارشی از عدم تساوی حقوق زنان و مردان معمار خبر داد که فاصله‌ی درآمد «چشمگیرترین شاخص نابرابری جنسیتی در این حرفه است»؛ اما در بیشتر دفاتر معماری چنین نابرابری معمولاً پنهان است. همان‌طورکه مجله معمار شرح داد بسیاری از زنانی که در این گزارش شرکت کردند به طرز فاحشی از لحاظ دستمزد نسبت به همکاران مرد همتراز خود درآمد کم‌تری دارند.

شکل ۳- تصویر بالا تبلیغی است برای نشستی باعنوان «عدم حضور ۳۲ درصدی زنان در حرفه‌ی معمار» که توسط مؤسسه معماران آمریکایی، شعبه سانفرانسیسکو (AIAF) طراحی شده بود و سبب آغاز به کار این پروژه درسال ۲۰۱۳ شد تا شرایط حرفه‌ای زنان در معماری بررسی شود.
مآخذ: کتاب لاتین با عنوان"Where are women in architecture"

پایان دادن به اشتغال در حرفه‌ی معماری آن هم به دلیل اختلاف زیاد در دستمزد پرداختی، داستانی دیگر درباره‌ی زنان معمار و مانعی دیگر برای پیشرفت آنان است و به‌طور قابل توجهی در نارضایتی شغلی و ترک تحصیلی بانوان دخیل بوده است؛ مطابق خبرها از طرف مؤسسه‌ی معماری ایالات متحده، تعداد زنان مدیر در دفاتر معماری چهار برابر شده است و از ۴ درصد در سال ۱۹۹۹ به ۱۶ درصد در سال ۲۰۰۵ رسیده است. چیزی‌که به نظر می‌رسد یک پیشرفت در مسیر ارتقای حرفه‌ای زنان بوده است. انجمن ملی معماری که مسئولیت توسعه‌ی برنامه‌های دوره‌های آمادگی و پذیرش کارآموز در حرفه‌ی معماری در ایالات متحده را به عهده دارد، گزارش می‌کند که زنان تنها ۱۳ درصد از مهندسین ناظران در دفاتر معماری هستند که حق نظارت و آموزش به معماران جوان را دارند. به بیان دیگر، ۸۷ درصد از معماران جوان برای گرفتن حق امضاء و پروانه‌ی اشتغال تحت نظر مرد

معماری مشغول به کار هستند و مطابق آمار رسمی آمریکا عوامل متعددی در کاهش حضور زنان در حرفه‌ی معماری دخیل هستند.

مادر بودن اغلب به عنوان عامل منفی در ارتقا حرفه‌ای زنان دیده شده است و زنان معمار با داشتن فرزند در این مسیر به سبب کاهش فرصت‌ها اظهار ناامیدی می‌کنند؛ اما همان‌طور که دیاناگریفتز[۶۵] می‌نویسد «اگر تعهد زنان به زندگی زناشویی و فرزندان تنها مانع موفقیت باشد پس زنان معمار که فرزندی ندارند باید پیشرفت کنند» و «در میان انبوه رتبه و مقام‌ها پرواز کنند» و این درحالی است که به موانع گسترده‌تری که زنان با آن مواجهند نادیده گرفته شده است.

زنان شانس کم‌تری را دارند که پروژه‌های محسورکننده‌ای دریافت کنند تا به پیشرفت کاری آن‌ها کمک کند و این امر موجب نکوهش زنان شده است به عبارتی زنان را محکوم می‌کنند که فاقد جاه‌طلبی برای دنبال کردن کارهای بزرگ هستند. فرضیات در این مورد عمیقاً در فرهنگ ریشه‌دار است و به سبب نخبه‌سالاری در حرفه‌ی معماری است که تنها به استعداد وکار مداوم پاداش می‌دهد. در چنین شرایطی زنانی که به چنین باوری معتقد هستند و خود را به حرفه‌ی معماری متعهد می‌سازند و پاداش متناسب، دریافت نمی‌کنند مستعد از دست دادن اعتماد به نفس در جایگاه حرفه‌ای‌شان هستند.

اولین دشواری‌ها برای یک زن در اولین روزهای فارغ‌التحصیلی در رشته‌ی معماری زمانی است که او برای یافتن کار تلاش می‌کند زیرا زنان در ایالات‌متحده و اروپا در رشته‌هایی نظیر معماری که مردان غالب هستند به یک مربی برای گذارندان دوره‌ی کارآموزی نیاز دارند؛ البته این امر برای تمامی کارآموزان چه زن باشند و چه مرد صدق می‌کند اما، همان‌طور که

[65] Diana Grifftis

شرلیسندبرگ[66] در لین‌این[67] می‌نویسد، آقایان به نظر می‌رسد بیشتر متعهد هستند که در این راستا گام بردارند و به رده‌های بالاتری در این رشته ارتقا یابند. آمار درباره‌ی حضور زنان در حرفه‌ی معماری نشان می‌دهد که علی‌رغم تحصیلات بالا در بهترین دانشگاه‌های معماری و سال‌ها کار سخت- به طوری‌که نهار بلکه شام را هم در پشت میزهایشان می‌خوردند (و هیچ‌کدام فرزندی ندارند) چندان از لحاظ حرفه‌ای در دفاتر طراحی معماری پیشرفتی نکرده‌اند.

ساختار دفاتر معماری عمیقاً از لحاظ ذهنی متأثر از تفکر «مردان باتجربه و پیشکسوت خانه‌ی معماران» بوده است. به‌طور مثال برای همکاران مرد امری عادی است که به طور غیررسمی یک معمار مرد آماده‌ی کار را به عنوان کارآموز انتخاب کنند و در درجات حرفه‌ای موردنظر پرورش دهند، در نشست‌های مهم دعوت به همکاری نمایند و با مشتریان رده‌های بالاتر آشنا کنند؛ در حالی‌که، به تعداد اندکی از زنان در رتبه‌های بالای مدیریتی اجازه‌ی حمایت از کارآموزان زن جوان داده می‌شود.

در یک گفتگو با یک زن مدیر و علی‌رغم درخواست‌های مکرر از او برای مربیگری کارآموزان زن، او اشاره می‌کند که زنان جوان در این حرفه سماجت به خرج نمی‌دهند و تمرکز بر پیشی‌گرفتن و بهتر شدن ندارند؛ در نتیجه اساتید به سوی آن‌ها جلب نمی‌شوند با وجود این دشواری‌ها، زنان می‌توانند روز به روز و سال به سال بهتر شوند. رضایت شغلی برای زنان معمار به سبب تبعیض جنسیتی در محیط کاری کم‌تر شده است. «زنان و معماری» عنوان گزارش سالانه‌ی منتشر شده توسط مجله معمار سال ۲۰۱۲ نشان می‌دهد وضعیت دشوارتر از گذاشته است. بر اساس این گزارش «آیا شما از تبعیض جنسیتی در حرفه‌ی معماری رنج می‌برید؟» به این معنا که آیا رفتارهای

66 Sheryl Sandberg

67 Lein in

ناشایست یا برخوردهای متفاوتی را به خاطر زن بودن تجربه کرده‌اید؟، تعداد ۶۳ درصد از ۷۰۰ زن پاسخ‌دهنده جواب مثبت دادند. با این حال نمونه‌های ارایه شده توسط پاسخ‌دهندگان نشان می‌دهدکه تبعیض به چه معناست.

تبعیض در زمینه‌ی حضور زنان در حرفه‌ی معماری هنوز ادامه دارد، به طوری که ۳۳ درصد از زنان معمار در ایالات‌متحده با مسأله‌ی تبعیض جنسیتی در محیط کار هر ماه و یا هر سه ماه یک‌بار روبرو می‌شوند، درحالی‌که ۱۱ درصد می‌گویند با این مسأله هر روز یا هر هفته روبرو هستند. حتی گزارش‌های بیشتری از تبعیض جنسیتی در محیط کاری با پیمانکاران به گوش می‌رسد و دوسوم زنان پاسخ‌دهنده به گزارش مجله معمار ۲۰۱۴ احساس می‌کنند که صلاحیت زنان باید در صنعت ساختمان پذیرفته شود ولی تنها نیمی از مردان پاسخ‌دهنده با این موضوع موافق هستند.

زمانی‌که زنان برای اولین بار در قرن نوزدهم به حرفه‌ی معماری وارد شدند؛ مخالفان آن‌ها اظهار کردند که زنان به دلیل فقدان صلاحیت در صنعت ساختمان‌سازی پذیرفته نمی‌شوند. پاتریشا هیکی[۶۸]، بنیانگذار باربی معمار[۶۹] در پاسخ به این گزارش بیان می‌کند «زنان از ترفیع در دفاتر معماری دور نگه داشته شده‌اند نه به دلیل مدیران مرد در این حرفه که تصور می‌کنند زنان در محیط کار ساختمان‌سازی مورد احترام واقع نمی‌شوند بلکه به دلیل حضورکارگزاران درجه‌ی اول مرد که به رهبران زن در دفاتر معماری توجهی ندارند و اختلاف دستمزد هم به سبب این تبعیض جنسیتی برای همیشه باقیمانده است.». مطالعات نشان می‌دهدکه زنان معمار توانسته‌اند توسط استراتژی‌هایی بر تبعیض جنسیتی که در کارگاه‌های ساختمانی روبرو هستند فایق آیند. با این حال تبعیض در دفاتر معماری به زنان آسیب بیشتری می‌زند

[68] Patricia Hickey

[69] Bubble Architects

به سبب این‌که درگیری‌های مداوم آنان با مردان (جهت اثبات برابری حرفه‌ای باآن‌ها) دشوار است.

به عنوان یک مورخ، آن‌چه موجب نگرانی است فراتر ازمیراث گمشده‌ی زنان و حرکت به سمت مبارزه با بی‌عدالتی است. بیش از صد سال است که زنان معمار برای این مسأله در حال مبارزه هستند. در سال ۱۹۰۵، به طور مثال، ماربل براون[۷۰] در نشریه‌ی کرونیل سانفرانسیسکو[۷۱] با زنان معمار مصاحبه کرد تا این موضوع روشن شودکه چرا زنان در حرفه‌ی معماری باقی‌مانده‌اند. در پاسخ به او گفته شده بود که «تبعیض همگانی علیه زنان معمار وجود دارد ولی غیرممکن نیست که یک زن در یک دفتر معماری مشغول به کار شود؛ تا آن‌جا که تجربه نشان داده است پیشرفت حرفه‌ای زنان غیرممکن نیست.».مقاومت در برابر استخدام زنان بر این ترس استوار است که حضور بانوان، محیط کاری مردانه را مختل می‌کند از سوی دیگر این امر به سبب تردید درباره‌ی آموخته‌ها، مهارت‌ها و عدم اطمینان از این‌که زنان نتوانند پروانه‌ی کار حرفه‌ای را اخذ کنند می‌باشد و فرض بر این است که تعهد آن‌ها نسبت به حرفه به محض ازدواج از بین می‌رود. اگر زنی بعد از ازدواج وارد یک دفتر معماری شود به این معناست که او حاضر است وظایف در سطح پایین‌تر و حقوق ناچیز را بپذیرد. دفاتر معماری به‌طورکلی زنان را برای نقشه‌کشی و کار در جزئیات استخدام می‌کنند زیرا آن‌ها بر این باورندکه زنان فاقد مهارت‌های تام مردان هستند.برای اجتناب و حذف چنین محدودیت هایی به زنان معمار توصیه می‌شود که دفاتر معماری خود را افتتاح کنند. اما همچنین به آن‌ها هشدار داده می‌شود که قبل از دنبال کردن معماری به صورت حرفه‌ای دوباره تفکر کنند زیرا فایق آمدن بر مشکلات عدم تساوی در حرفه‌ی معماری به نظر دشوار می‌آید.

[70] Marbel Brown

[71] San Francisco Chronicle

فصل ۳- من از باربی معمار چه یاد گرفتم؟

در فوریه ۲۰۱۱، باربی معمار کار خود را در نمایشگاه اسباب‌بازی در شهر نیویورک آغاز کرد و سه ماه بعد در همایشی در مؤسسه‌ی معماری ایالات متحده در نیواورلینز مطرح شد. در سال ۲۰۰۶ که من دستیار پژوهش در دانشگاه میشیگان بودم، مقدمات تصویب و به رسیمت شناختن حضور زنان در حرفه‌ی معماری در آمریکا پایان یافت. مناظرات قبل و بعد از تصویب قانون، موجب گسستن روابط دوستانه و روابط دانشگاهی شد و جو در دانشگاه بسیار وخیم بود به طوری‌که در دانشکده‌های متعدد، از جمله دانشکده معماری، بحث بر این بود که قانون جدید به چه معناست و چرا این موضوع جدی و با اهمیت است. این پرسش در مورد حرفه‌ی معماری مهم بود زیرا در این حرفه نهایت تلاش شده بود تا حضور زنان به رسمیت شناخته نشود.

قطعاً، درخواست‌های مصرانه‌ای در گذشته برای مقابله با محروم‌سازی زنان از حضور در رشته‌ی معماری صورت گرفته بود، به عنوان مثال در سال ۱۹۷۳ در گردهمایی که از طرف مؤسسه‌ی معماری ایالات متحده برگزار شد، اعضای زن مؤسسه علیه در حاشیه قرارگرفتن اعتراض کردند.

در نیمه‌های سال ۲۰۰۰، اعتراض‌های بسیاری درباره‌ی برابری جنسیتی در حرفه‌ی معماری مطرح شد ولی تأثیر چنین تلاش‌هایی دهه‌ها و سال‌های به طور شگفت‌آوری محدود باقیماندند. در سال ۲۰۰۶، درباره‌ی این حرفه، آگاهی رساندن به عموم و این‌که چه‌طور و چرا به طور پیوسته حضور زنان در رشته‌ی معماری زیر سؤال برده می‌شود صحبت‌های بسیاری شده است.

درخلال چنین باورها، نگرش‌ها، فشارها و ناخشنودی‌های تکان‌دهنده در دانشکده‌ی معماری برای رسمیت شناخته شدن حضور زنان در حرفه‌ی

معماری من باربی معمار را به یاد آوردم. در سال ۲۰۰۲، این موضوع که «باربی می‌تواند...باشد» و چه حرفه‌ای برای باربی جدید انتخاب شود توسط متل[۷۲] (شرکت اسباب‌بازی در ایالات متحده آمریکا) به رأی گذاشته شد. بیشترین رأی برای حرفه‌ی عروسک باربی بعدی معمار، کتابدار و زن پلیس بود که برای انتخاب یکی از این مشاغل، مبارزه‌ی افسارگسیخته‌ی در دنیای مجازی به صورت برخط شروع شد که در آن باربی معمار برنده شد. اما، در نهایت ناامیدی طرفدارانش، متل نتوانست مسئولیت ساخت این عروسک را به عهده بگیرد.

جولیا جنسن[۷۳]، نماینده‌ی سخنران متل، توضیح داد که یک دختر بچه زمانی که مادرش را در این حرفه متصور می‌شود نمی‌تواند شرایط پیچیده‌ی این حرفه را بفهمد. جنسن می‌گوید، از دیدگاه یک دختر بچه، عروسک باربی، «قهوه می‌نوشد» و «پای تلفن تمام روز صحبت می‌کند» در حالی‌که چنین کارهایی در فرهنگ معماران نیست. مشتاق بودم و تلاش می‌کردم تا باربی معمار به واقعیت تبدیل شود من از دانشجویان معماری دانشگاه میشیگان و استادان هیأت علمی خواستم که مدل اولیه و مقدماتی خود را برای باربی معمار کامل‌تر کنند.

من به ویژه علاقه‌مند بودم که بدانم چه‌طور یک نسل جوان‌تر می‌آموزند که تبدیل به معمار شوند و فرهنگ این حرفه را فرا بگیرند، شاید باربی معمار محرکی برای به واقعیت رسیدن چنین تصوری باشد. نتایجی که در مدرسه معماری به نمایش گذاشته شد شگفت‌آور بود. من انتظار داشتم که باربی در یک لباس سیاه و عینک لوکوربوزیه ظاهر شود زیرا انتظار می‌رفت که معماری در اولویت باشد و باربی در مرحله‌ی بعد قرار گیرد. ولی دانشجویان

[72] Mattel (Toy Company in United States)

[73] Julia Jensen

این ترتیب را وارونه کردند و توسط عروسک‌هایشان معماری را طبق شرایط باربی جستجو کردند؛ یعنی از دیدگاه زن بودن که مد، مدل مو و آرایش صورت برایش اولویت دارد.

در چنین عروسک‌هایی من با قدرت دخترانه و طرفداری از جنس زن از طرف نسل جوان روبرو شدم. در فضاهای تقدیس شده‌ی معماری، در مشخصه‌های دخترانه‌ی باربی نشانه‌ای از آزار و تعدی نبود بلکه مقاومت و استقامت به چشم می‌خورد. این عروسک‌ها به چشمان شما مستقیم نگاه می‌کردند و می‌پرسیدند، «چرا معماران نمی‌توانند صورتی بپوشند؟».

فرضیات من چند سال بعد دوباره به چالش کشیده شدند، وقتی که باربی معمار بالاخره در حوزه‌ی نشان‌های تجاری[۷۴] اسباب‌بازی‌ها وارد بازار شد. در فوریه ۲۰۱۰، متل از عموم مردم دعوت کرد که به افتخار ۱۲۵سالگی شرکت اسباب‌بازی دوباره برای انتخاب حرفه‌ی باربی رأی دهند. این بار، رقبای باربی معمار، جراح باربی و مهندس کامپیوتر باربی بودند که شغل اخیر در این رأی‌گیری پیروزمند شد. من نمی‌توانستم شکست باربی معمار را قبول کنم و به همراه کیلی هیلز[۷۵]، همکارم در دانشگاه بوفالو، طرفدارانی را جمع کردم تا در آخرین تلاش برای نجات باربی معمار مستقیماً با متل (شرکت ساخت و فروش اسباب‌بازی) روبرو شویم. در کمال تعجب ما، از کلی و من خواسته شد که در طراحی باربی نظر دهیم و طی شش ماه بعد، همان‌طور که متل به کاووش در جهان معماری می‌پرداخت، کلی و من به فوت‌وفن جهان پر رمز و راز اسباب‌بازی وارد شدیم.

یکی از اولین درس‌ها در این مسیر این بود که نباید تصویر یک بزرگسال را تبدیل به مینیاتور عروسکی کنیم بلکه ترجیحاً باید بتوانیم ترجمان آن به شرایط کودکان باشیم. ما می‌دانیم که معمارها دوست دارند همیشه سیاه

[74] Brand

[75] Kelly Hayes McAlonie

بپوشند (خودمان نیز همین‌طور هستیم) اما به یک دختر پنج ساله که لباس مشکی پوشیده است می‌گویند «بدذات» یا «متصدی کفن و دفن» و نه یک معمار.

در همکاری با ایمیلی [۷۶]، طراح متل، برای طراحی لباس‌های باربی معمار، ما بر روی احجام ساده، خطوط ساده، و رنگ‌های پایه تمرکز کردیم. چون برای پاهای قالب گرفته شده‌ی باربی استفاده از کفش تخت امکان‌پذیر نیست؛ ما برای او چکمه‌های سیاه تا زیر زانو با پاشنه‌های کوتاه و محکم در نظر گرفتیم. با تغییرات و تحولات سریع در حرفه‌ی معماری، دست‌کم در زمینه‌ی فنآوری، طراحی برای لوازم فرعی باربی با گزینش‌های گوناگون و دشواری روبرو شد. فهرست ۲۳ عنوان لوازم فرعی، تصویرسازی و شناسایی شد: از جمله‌ی آن‌ها یک تیوب صورتی رنگ، یک کلاه ایمنی سفید و عینک با فریم سیاه است.

بحث درباره‌ی گذر از دفتر معماری به کارگاه ساختمان‌سازی نیز چالشی برای پوشیدن یک لباس ویژه و شبیه مردان است. چه پوششی برای هر دو حالت مناسب است؟ با توجه به شلوارهای کرباسی ما نهایتاً هم‌نظر شدیم که باربی معمار چه لباسی بپوشد. یک قرن پیش مردها تلاش می‌کردند تا از حضور زنان در کارگاه‌های ساختمانی جلوگیری کنند زیرا لباس‌های زنانه آن‌ها به نظر مزاحمت ایجاد می‌کرد. برای زنان پوشیدن شلوار هم منع شده بود؛ چه نوع لباسی زنان را در کارگاه‌های ساختمان ازمردان مجزا می‌ساخت؟ تصمیم ما برای ترکیب کلاه ایمنی با لباس زنانه –نمادهایی از ساختمان و زن بودن– برای افزایش قدرت روحی دختران بود.

درماه فوریه سال ۲۰۱۱ از عروسک در نمایشگاه اسباب‌بازی رونمایی شد و تقریباً ۳۰۰ داستان رسانه‌ای را دربرداشت از جمله ۲۰ خبر تلویزیونی که در اواسط پاییز ۱۷۵ میلیون مخاطب داشت.

[76] Amy Lee

در دسامبر، گاردین[۷۷]، طراح ساختمان و مدیر شبکه‌ی تلویزیون در ایالت متحده، باربی معمار را در برنامه‌ی داستان‌های معماری و فهرست خبر ۲۰۱۱ شرکت داد، مجله معمار[۷۸] در انگلیس عکس او را بر روی جلد اولین نسخه‌ی چاپ شده خود گذاشت و موضوع آن‌را به حضور زنان در حرفه‌ی معماری تخصیص داد. عروسک باربی معمار در الی دکور[۷۹] و در ووگ[۸۰] نیز به نمایش گذاشته شد. کِلی و من تمام این داستان‌ها و خبرها را تماشا می‌کردیم و در شگفت بودیم به این سبب که برای برخی، باربی معمار دلیلی برای تجلیل از حضور زنان در حرفه‌ی معماری بود. مجله جازبل[۸۱]، در وب‌نوشت اخبار خود درباره‌ی افراد نامدار و مدهای روز، خبری درباره‌ی باربی معمار را در ماه فوریه منتشرکرد.

در بخش نظرات مجله نوشته شد که «حرفه‌ی انتخابی من بسیار فریبنده است.». یک معمار نوشته بود «خداوند به من رحم کند، من واقعاً پوشش باربی معمار را دوست دارم و می‌خواهم همانند او لباس بپوشم» و برخی دیگر به باربی معمار با دیده‌ی تحقیر خوش‌آمد گفتند.

گزارشی درباره‌ی این عروسک در وب‌گاه مجله استرالیایی[۸۲] پاسخ‌های منفی را در بخش نظرات منعکس کرد، «همه می‌دانند که معماران واقعیت تنها مشکی می‌پوشند»، یکی از پاسخ‌دهندگان با لحن اعتراض‌آمیزی بیان کرد که، «کلاه ایمنی بی‌مصرف است»، «زیرا ناظران کارگاه‌های ساختمانی

[77] The Guardian

[78] Architect Journal

[79] Elle Decor

[80] Vogue

[81] Jezebel

[82] Austrailian-based-Indesign

به باربی معمار اجازه نمی‌دهند که با چنین پاشنه‌های بلندی وارد کارگاه شود» فرد دیگری می‌گوید «او شبیه دانشجویان سال اول معماری است که دروس اصلی را قبول نمی‌شوند مگر با گریه وشب بیداری مداوم» و اظهار نظر دیگر می‌گوید «او بیشتر شبیه یک طراح داخلی است تا یک معمار» و غیره.

برخی انتقادها علیه این عروسک به وضوح مسایل تبعیض جنسیتی در این حرفه را هدف قرار دادند. سارا، به عنوان یک معمار در وب‌نوشت نانسی[۸۳] چنین نظری را ارسال کرد، «باربی معمار نمی‌تواند چنین پوشش نحیف و ناکافی را داشته باشد زیرا دفاتر معماری معمولاً محیط کاری مردانه است و کارگاه‌های ساختمان نیز مملو از کارگر است. او شلوارهای رنگ‌پریده سیاه و یک تی‌شرت می‌پوشد که به خاطر خوابیدن در زیر میز کارش چروک شده‌اند، تمامی دندان‌هایش کرم خورده‌اند چون بیمه دندان ندارد و شکمش به خاطر رژیم‌های بدغذایی پف کرده است.». لوازم فرعی او باید چک پرداختی باشد که ۳۰ درصد کم‌تر از چک پرداختی همکاران مرداست، قرص افسردگی و داروهای روده تحریک‌پذیر نیز از ملزومات است.

نشان‌تجاری زنانگی باربی معمار که او را از عروسک‌های سنتی که در سال ۱۹۵۹ ظهور پیدا کردند متمایز می‌کند برای دهه‌هاست که به صورت حریصانه‌ای توسط محققان مورد بحث قرار گرفته است. طرفداران باربی معمار از شخصیت سرکش باربی و ترجیحات او برای استقلال و اشتغال نسبت به ازدواج طرفداری کردند. برخی دیگر او را مجاز دانستند که یک خانه‌ی شخصی، یک ماشین فِراری و یک ماشین پورشه داشته باشد و اظهار داشتند که او باید از ماجراجویی و مسافرت لذت ببرد و سوار بر موتور خود در جاده‌ها به سرعت براند. منتقدان در مقابل، بحث می‌کنندکه سبکِ زندگی این عروسک به دلیل لذت بردن از مادیات به دختران مصرف‌گرایی را می‌آموزد و «فیزیک غیرطبیعی و احمقانه» او دختران را به اختلال در تغذیه ترغیب

[83] Nancy Levinson's Design Observer

می‌کند. پگی اورنستاین[۸۴] و دیگران همچنین از لحاظ گزینش رنگ‌ها بنابر جنسیت و غالب بودن کالاهای صورتی رنگ برای دختران انتقاد کردند.

انتقادهای بسیاری در وب‌نوشت‌های طراحی درباره‌ی باربی معمار که بسیار بلوند است مطرح شد زیرا مدل آفریقایی آمریکایی در مقابل باربی بلوند جذابیت کم‌تری دارد و پوشیدن لباس‌های به خصوص صورتی و همچنین آرایش موضوعاتی هستند که برای نقد شدن بسیار مستعدند با همه این انتقادات برخی به باربی «حریص» خوش‌آمد گفتند و همانندسازی او را به چالش طلبیدند و برخی دیگر درباره‌ی فقدان نقش الگوها نظر دادند و اظهار داشتند که آیا باربی معمار یا بلوک‌های ساختمان‌سازی الهام‌بخش دختربچه‌ها درحرفه‌ی معماری درآینده هستند یا خیر؟

در میان بحث و جدل‌ها درباره‌ی باربی معمار به تدریج آشکار شد که مقدار زیادی از کشمکش‌ها، بین زن و مرد نیست، بلکه بیشتر بین گروه‌های سنی مختلف زنان است. باربی به عنوان یک نماد فرهنگی که حس عشق و نفرت را برمی‌انگیزد سبب تقسیم‌بندی در نسلی از زنان در حرفه‌ی معماری شده است و به عبارتی در واقعیت حضور زنان در حرفه‌ی معماری فراتر از یک عروسک عمل کرده است.

این موضوع به وضوح در بحث‌های«طلسم صورتی» توسط ایندا[۸۵] در مارچ ۲۰۱۱، در نشست لینکدین مؤسسه‌ی معماری ایالت‌متحده[۸۶] مطرح شده است. ایندا می‌نویسد: زنان هم‌سن و هم‌نسل من می‌دانند که انقلاب فمینیستی در چه زمینه‌ای بوده و باربی نماد چیست. باربی نماد زنانگی است. اما همکاران معمار باید درباره‌ی این موضوع بسیار محتاط باشند به این سبب

[84] Peggy Orenstien

[85] Inda

[86] AIA Linked in

که ترغیب به رشته‌ی معماری از طریق جنسیت برای هیچ‌کس مطلوب نیست، چه زن و چه مرد. هریک از ما که در دوران تنش دهه‌های ۶۰ و ۷۰ به دنیا آمده و تربیت شده‌ایم. به فرزاندنمان هرگز عروسک باربی نداده‌ایم. آدریانا[۸۷]، کسی‌که خود را سی‌پنج ساله معرفی می‌کند، دراین‌باره می‌گوید: «نگران نباشید! باربی‌ها عروسک هستند، نه نمایندگان واقعی زنان. من با عروسک‌های باربی زیادی بزرگ شده‌ام و با آن‌ها تا سن ۱۲ سالگی بازی کردم و هیچ‌گاه فکر نمی‌کردم که قرار است شبیه چیزی کم‌تر از باربی باشم.».

لزلی[۸۸] انتظاراتش را این‌طور بیان می‌کند: چه می‌خواهند کسانی‌که منفی می‌گویند و طعنه می‌زنند. ما لباس‌های پر نقش‌ونگار بر تن عروسک‌های باربی می‌کردیم و خانه‌های عروسکی را تزئین می‌کردیم تا وقتی‌که همسایه‌ها می‌آیند آن‌ها را به داخل دعوت و بازی کنیم. من هرگز آن‌ها را به عنوان اشیاء سکسی ندیدم و هنوز هم نمی‌بینم بلکه باربی‌ها به عنوان اسباب‌بازی‌هایی به من کمک می‌کردند که بخشی از خلاقیتم را پرورش دهم. این مایه‌ی تأسف است که مردم ساده‌لوح این موضوع را نمی‌فهمند. لورا در پاسخ گفت: «من خوشحال هستم که زنان معمار جوانی هستند که هیچ چیز بد و توهین‌آمیزی در این عروسک نمی‌بینند. اگرچه این گفتگو تنها درباره‌ی یک عروسک نیست و من آرزو داشتم که باربی را زیباتر ببینم اما او زیبا نیست. او نمونه‌ی زشتی از یک زن را ارایه داده است. زنان واقعاً در ابعاد و اندازه‌ی باربی وجود ندارند. البته باربی برای عروسک‌های همتای پسر، کِن و گِی به طرز آزاردهنده‌ای عضو مهمی است!!» ایندانا افزود که «بسیاری از معماران جوان‌تر واقعاً تصویر باربی را نمی‌فهمند و او ادامه

[87] Adriana

[88] Leslie

می‌دهد که پیشرفت در انتخاب حرفه برای عروسک باربی تنها یک توهم است.».

شکاف نسلی مشابهی در بخش نظرات ارسال شده برای وب‌نوشت طراحی[89] دیده شد. تریسی، کسی‌که دفتر معماری خودش را در نیمه‌ی دهه‌ی ۱۹۸۰ تأسیس کرده بود تصویر باربی معمار را «بازگشتی به گذشته» نامید. پاتریشا، از همان نسل و همچنین بنیانگذار یک دفتر طراحی، نومیدی‌اش را درباره‌ی عروسک‌های باربی«پیغام از مدافتاده‌ی تحقیرآمیز» بیان کرد، زنانی که نیاز دارند جذابیت زنانه داشته باشند تا پیشرفت کنند. در مقابل، نظرات مخالف بسیار تندی از طرف الی[90] دریافت شد و او نوشته بود، فکر می‌کنم که باربی معمار قطعاً خارق‌العاده است!!! زنان مسنی که فکر می‌کنید این امر یک پسرفت است از خر شیطان پیاده شوید؛ چرا زنان جوان معمار باید در نشان مردانه و طرح‌های لباس روشنفکر نمای دروغین ظاهر شوند تا قوی‌تر به نظر بیایند، من هیچ مشکلی در پوشیدن دامن‌های کوتاه و نپوشیدن جوراب ندارم؛ به راستی، وقتی من در یک کارگاه ساختمانی با چنین پوششی حاضر شدم متوجه شدم که پیمانکارها، به هر کلمه از گفتار من بیشتر توجه می‌کنند. از باربی‌ها متشکرم!

انجمن‌های اینترنتی همیشه مکانی برای گفت‌وگوهای زیرکانه و موشکافانه نیست، من چنین تبادل نظرهایی را آزاردهنده می‌دانم به این دلیل که به نظر دردسرساز هستند. این نظرات به شکاف عمیق بین نسل‌های گذشته زنان معمار و نسل جوان‌تر زنان معمار اشاره داشتند زیرا هرگز متوجه نشده‌اند که انقلاب فمینیستی صد سال پیش برای حضور زنان در حرفه‌ی معماری تا چه اندازه دشوار بوده است. شاید بحث درباره‌ی این موضوع به

---

[89] Levinson's Design Observer

[90] Observer

هیچ‌وجه معضل بزرگی نباشد؛ نسل‌ها به طور معمول از یکدیگر آزرده خاطر می‌شوند.

من از دانشجویان در دانشگاه میشیگان غافلگیر شده‌ام و از سیاست‌های دخترانه‌شان بسیار آموخته‌ام یک توسعه‌ی پایدار بستگی به این دارد که راه پیشرفت را بیابیم نه این‌که یک نسل به هزینه‌ی نسل دیگر قدرتمندتر شود. همان‌طورکه دنیس اسکات براون نماینده‌ی دریافت جایزه‌ی معماری پریتزکر در سال ۲۰۱۳، در فصل چهارم، بیان کرده است؛ اتحاد وسیعی بین نسل‌ها برقرار خواهد شد اگر موج‌های دوم و سوم فمینیستی از برنامه‌های کاری یکدیگر پشتیبانی کنند. همان‌طور که من از باربی معمار یاد گرفتم اتحاد و یکپارچه شدن تصور و خیال نیست بلکه باید ایجاد و ساخته شود.

به منظور ایجاد فرایند یکپارچگی و اتحاد بین نسل‌ها نشستی با عنوان «خانم‌ها و آقایان با باربی معمار ناهار می‌خورند» در اکتبر ۲۰۱۱ توسط مؤسسه‌ی معماری ایالات متحده در سانفرانسیسکو سازماندهی شد تا درباره‌ی شرایط حضور زنان در معماری گفت‌وشنود کنند- در این نشست از باربی معمار به عنوان یک قالب از حرفه‌ی معماری یاد شد که تأثیر مثبت بر روی نسل جوان‌تر گذاشته است.

هیأتی از زنان معمار درباره‌ی نقش معمار و مراتب حرفه‌ای بحث و تبادل‌نظر کردند و دیدگاه‌هایشان را درباره‌ی این عروسک به اشتراک گذاشتند. لیزا بوکورین[۹۱]، رهبر سازمان‌دهنده نشست، باربی معمار را نوری در میان تاریکی پس از تنش‌های طولانی برای مبارزه علیه تبعیض جنسیتی در حرفه‌ی معماری می‌نامد، «چه چیزی بهتر از این است که گفتگویی درباره‌ی معضل عدم حضور زنان در حرفه‌ی مردانه‌ی معماری را آغاز کنیم؟». کلی و من از شکسته شدن سکوت به وجد آمدیم، هر چند این فرایند بیشتر از هر مناظره‌ی پرجنجالی دچار تلاطم شده بود. پس از خرده‌گیری درباره‌ی لباس و

[91] Lisa Boquiren

آرایش مو و لوازم فرعی عروسک، آنچه برای دختران درباره‌ی باربی معمار مهم بود وجود[92] او بود- پذیرش وجود او و حضورش در زندگی عادی روزمره و این ماندگارترین درس از باربی معمار است که به من در افتتاحیه‌ی رسمی این عروسک در همایش مؤسسه‌ی معماری ایالات‌متحده در نیواورلینز داده شد.

در همکاری با متل و مؤسسه‌ی معماری ایالات متحده، کلی و من کارگاه‌هایی را با حضور چهارصد دختر از مدارس محلی برگزار کردیم. این کارگاه‌های آموزشی توسط زنان معمار مدیریت می‌شدند و دارای سه بخش آموزنده بودند: مقدمه‌ای درباره‌ی اینکه معماران در این حرفه به چه کاری مشغول هستند، گفتگویی درباره‌ی آثار گذشته و حال حاضر زنان معمار و تمرینی برای طراحی مجدد خانه‌ی رویایی باربی. این تمرین متمرکز بر آموزش مهارت‌های مقدماتی برای طراحی پلان‌های طبقات خانه‌ی باربی و تشویق آن‌ها برای کشف محیط‌های ایدهآل‌های خانگی و بومی بود (سپس لوازم کارگاه از طریق وبگاه مؤسسه‌ی معماری ایالات متحده ارسال می‌شد.).

کارگاه‌های معماری باربی همچنین در مکان‌های مختلفی از جمله کراون هال میس وندرروه[93] و مؤسسه‌ی فنآوری ایلینویز در شیکاگو و موزه‌ی ملی ناواجو در ویندو راک، آریزونا[94] برگزار شد. در مرکز همایش موریل[95] در نیواورلینز، غرفه‌ی متل فضای نمایشگاهی و کارگاهی را با هم ترکیب کرده بود و در انتهای این نمایشگاه فضایی به عروسک‌هایی از مشاغل پیشین

---

[92] Dasein

[93] Ludwig Mies Vander Rohe's Crown hall

[94] Navajo Nation Museum in Window Rock, Arizona

[95] Morial

باربی در جهان حرفه‌ای مردان در پنجاه سال گذشته اختصاص یافته بود از دوشیزه‌ی باربی فصانورد (۱۹۶۵) گرفته تا مهندس کامپیوتر باربی (۲۰۱۰) و البته باربی تازه‌وارد، باربی معمار. فضای کارگاهی شامل میزهای طویل سفید پیک‌نیک به همراه فضایی برای حضور حدود ۳۰ دختر بود. علامت بزرگ باربی نیز شبیه یک برج دیده‌بانی صورتی پررنگ آویزان شده بود. دختران استقبال خوبی از کارگاه به عمل آوردند و برخی از دختران ظهار داشتند که قبل از حضور در کارگاه، نمی‌دانستند که زنان می‌توانند معمار باشند.

یکی از نقشه‌های مورد علاقه‌ی من، طراحی شده توسط یک دختر ۷ ساله بود که شامل یک اتاق برای هیولاها نیز بود؛ فضاهایی برای هیولاها به نحوی که خانه ازهیولاها در امان باشد. (راه‌حل طراحی برای مشکل درونی دوران کودکی که فلسفه‌ی فروید جوابگوی آن نیست.). در پایان کارگاه، هر دختر با یک کیف هدیه که شامل ابزار طراحی و عروسک باربی‌اش بود نمایشگاه را ترک می‌کرد. به هیچ‌وجه در خلال کارگاه من نشنیدم که دختری درباره‌ی مهارت‌های ویژه‌ی باربی و یا مناسب بودن حرفه‌ی معماری برای زنان سئوالی بپرسد و این، دقیقاً، نکته‌ای است که بر مبنای آن می‌توان گفت باربی دروغ می‌گوید.

حقیقت این است که باربی از دختران کوچک می‌خواهدکه هیچ عروسکی را به غیر از باربی دوست نداشته باشند و این به معنای مالکیت تام است- دختران می‌دانند که عروسک تنها برای آن‌هاست و هرکاری که باربی انجام می‌دهد، آن‌ها نیزمی‌توانند انجام دهند و او قدرت این را دارد که کاری کند که چیزها برای دختران جوان طبیعی به نظر برسند.

مسلماً، باربی معمار نمی‌تواند کارهای سنگین و طاقت‌فرسای ساختمان سازی را به تنهایی انجام دهد. چنین نگرشی درباره‌ی حضور زنان در رشته‌ی معماری قبل از ورود زنان به حرفه‌ی معماری و موضوع تفاوت‌های جنسیتی در این حرفه باید روشن شود. بحث آزاد درباره‌ی این‌که چه‌طور می‌توان زنان را ترغیب کرد که در حرفه‌ی معماری فعالیت داشته باشند نیازمند تمرینی

است که باید در مدارس معماری اتفاق بیافتد. اگر باربی معمار به ما قدرت صحبت کردن در این باره را می‌دهد پس به یک زن و حضور او در حرفه‌ی معماری اعتماد به نفس بیشتری می‌دهد.

در پایان باید اشاره کرد این عروسک برای کودکان طراحی شده و نه بزرگسالان و نقشی مشابه‌ی بلوک‌های ساختمان‌سازی یا گودال‌های شنی برای بازی کودکان را دارد و من امیدوارم تأثیرگذار باشد. من به آینده‌ای می‌اندیشم که دختران کوچک کلاه‌های ایمنی و کارگاه‌های ساختمانی را به عنوان بخشی از زندگی روزمره در این دنیا قبول می‌کنند.

شکل ۴- دختران شرکت‌کننده در کارگاه‌های باربی معمار در همایش معماران در نیواورلینز، می ۲۰۱۱.

مآخذ: کتاب لاتین با عنوان "Where are the women in architecture?"

فصل ٤- جوایز معماری

وقتی‌که زاها حدید[۹۶] نماینده‌ی دریافت جایزه‌ی معماری پریتزکر در سال ۲۰۰۴ شد، هیچ خبرنگاری از ذکر زن بودن او امتناع نکرد. برای اولین بار در تاریخ ۲۵ ساله‌ی جایزه‌ی پریتزکر ، چنین امتیاز معتبری به یک زن ارزانی شده بود. برای برخی، پیروزی حدید به معنای پیشی‌گرفتن او در مسایل شخصی و حرفه‌ای بود و پیروزمندی حضور یک زن معمار بر تاریخ تبعیض جنسیتی درحرفه‌ی معماری را نشان می‌داد. سقف شیشه‌ای پرزرق و برق مرکز اهدای جایزه‌ی پریتزکر بالاخره با حضور یک زن معمار به لرزه درآمد. حدید عنوان شوالیه‌ی جراید را برای برنده شدن جایزه‌ی معماری پریتزکر[۹۷] دریافت کرد و آثارش القابی نظیر «بی‌باکی»، «افراط‌گرایی»، «رویایی» و «هوشمندی» را به خود اختصاص دادند. گزارش‌ها حاکی از آن است که شهرت حدید به «سخت‌گیر بودن» و زیاده‌روی‌های زنانه و عدم ثبات احساسی او مربوط است. نحوه‌ی نگارش خبرها به گونه‌ای بود که به نظر می‌رسید هرگز یک خبرنگار به صورت مشابهی درباره‌ی بزرگداشت و تجلیل یک مرد معمار و نماینده‌ی دریافت جایزه‌ی معماری پریتزکر نخواهد نوشت.

به‌طور مثال، گزارشگر گاردین[۹۸] استوارت جفریز[۹۹]، کسی‌که با حدید بعد از دریافت جایزه‌ی معماری پریتزکر مصاحبه کرد، داستانش را جدای هر گونه

[96] Zaha Hadid

[97] Pritzker Architecture Prize

[98] Guardia

[99] Stuart Jeffries

چرب‌زبانی تملقی این‌طور شرح داد: «زاها حدید دست عرق‌کرده و شلش را برای دست دادن دراز کرد. او به علت بیماری آنفولانزا حال خوشی نداشت و این موضوع نگران‌کننده است. کجاست آن هیولای سرزنده‌ای که من در مصاحبات قبلی با او صحبت کرده بودم؟ کجاست آن صدای رسای زنی به زبان عربی که با پاشنه‌های بلند و سرگیجه‌آورش به سمت استودیوی طراحی در شمال لندن حرکت می‌کند و با غرولند از همکاران خود با عبارات انگلوساکسونی انتقاد می‌کند؟». همان‌طورکه جفرسون گزارش می‌کند، زاها حدید به او نگاه می‌کند، «با چشمان قهوه‌ای غمگین» و به دلیل پرواز بدون توقفش بعد از اعلان نمایندگی برای دریافت جایزه‌ی پرتیزکر خسته به نظر می‌رسیدند. گزارشگر گاردین، استوارت جفریز در مقاله‌ای درباره‌ی طراحی‌های مشاجره‌انگیز حدید برای خانه بی‌کاردیف[۱۰۰] شرح داده بود که برنده شدن زاها حدید در مسابقه‌ی سال ۱۹۹۴ سبب شده که سیاستمداران و رسانه‌ها علیه پروژه برانگیخته شوند و نهایتاً از ساخت آن اجتناب ورزیدند.

مقاله با شرحی در مورد او این طور پایان یافت که حدید به عنوان «یک معمار پرکار درتجرد به سرمی‌برد و سرنوشت برای او مقدرکرده است که تنها یک همراه دیرین داشته باشد، آنفولانزا که چهارنعل به سوی او می‌تازد». این بیماری تاوانی است از سفرهای دورتادور دنیا و موفقیت‌هایش. ادوین هذکوت[۱۰۱] از فاینشال تایمز[۱۰۲] که این امر را اثری منفی بر روی جایزه‌ی حدید می‌داند؛ این پرسش را مطرح کرد که آیا جنسیت حدید به برنده شدن او کمک کرده است؟ و با این پرسش از حدید مصاحبه‌اش را پایان می‌دهد که آیا او فکر می‌کند که استحقاق دریافت چنین جایزه‌ای را داشته است؟ حدید

[100] Cardiff Bay Opera House

[101] Edwin Heathcote

[102] Financial Times

در پاسخ می‌گوید، «من نمی‌دانم چه‌طور به این پرسش پاسخ دهم؛ به نظر می‌رسد برخی پذیرفته‌اند که من شایسته‌ی دریافت چنین جایزه‌ای هستم.».

شکل ۵- زاها حدید، معمار و طراح موزه‌ی ریور ساید در گلاسکو، اسکاتلند در مقابل این ساختمان ایستاده است. این موزه در سال ۲۰۱۳ برنده‌ی دریافت جایزه‌ی موزه‌ی اروپایی سال شد. عکس از جف.جی.میتشل.

مآخذ: کتاب لاتین با عنوان"Where are the women in architecture"

در مقاله‌ای که در نیویورک تایمز[103] چند روز بعد از اعلان جایزه منتشرشد، منتقد معماری هربرت موسچامپ[104] مسئولیت بررسی علت تأخیر بلندمدت ثبت‌نام حدید «در دنیای سازندگان عالی‌رتبه‌ی ارشد» برای شرکت در جایزه‌ی پریتزکر را پذیرفت. در درجه‌ی اول، او خود معمار را مورد نکوهش قرار داد: «حدید شهرت به سختگیر بودن دارد.».

برخی از ستایشگران و طرافداران او می‌ترسیدند و از او انتقاد کردند «که چرا بیشتر برروی تصویر اجتماعی‌اش سرمایه‌گذاری می‌کند تا نظم حرفه‌ای اش». موسچامپ در این مورد به بحث و مناظره‌ی بیشتری پرداخت که متمرکز بر سال‌های بعد از فارغ‌التحصیلی و حضور او در انجمن معماری در لندن بود و بر اساس مشاهدات به نظر می‌رسید که دیگران از ایده‌های زاها حدید بیشتر بهره‌مند می‌شوند. شکست کاردیف[105]، بنابر گفته‌ی موسچامپ، معمار را مجبورکرد با رفتار متناقض خود در کشمکش باشد: «سبک گفته‌ی سخنرانی‌های او به تدریج تغییر کرد و توضیحات درباره‌ی پروژه‌هایش کم‌تر مبهم و بیشتر آموزنده بودند او شروع به تقدیر و قدردانی از طرفدارانش کرد و کم‌تر مشتاق بود که اضطراب ناشی از نومیدی و کار زیاد را پنهان کند. تغییر دیگر در زندگی حرفه‌ای حدید حضور معمار مردی در کنار حدید بود که شباهت به یک زن بزرگ پر سروصدای دهاتی داشت.». موسچامپ در ادامه بیان می‌کند زاها حدید شخصی نیست که با او بتوانید درباره‌ی کتاب‌های معماری صحبت کنید. آرزوهای خودپسندانه اوست که به نظر می‌رسد او را به سمت جلو حرکت می‌دهد و در واقع او سعی در به نمایش گذاشتن خود و کم‌تر عصبی شدن دارد (که از لحاظ فرهنگی شاخصه‌ی رفتاری مردان در

[103] New York Times

[104] Herbert Muschamp

[105] Cardiff

حرفه‌ی معماری است) زیرا تمایل به لذت بردن از دلخوشی‌های مختص و مرتبط با زنان دارد. او به خوانندگان خبر داد، شما احتمال دارد که حدید را دراز کشیده کنار استخر در سواحل جنوبی بیابید جایی‌که اوقات فراغتش را می‌گذراند، بدن او پوشیده شده از روغن زیر آفتاب برق می‌زند و با دستانش مگس‌های خیالی را می‌پراند. او را همچنین می‌توانید زن خانه‌دار انگلیسی تصور کنید که موهایش را آزاد در کمپ تعطیلات بوتلین[۱۰۶] رها کرده است و خنده‌هایش واقعی و ازته دل است. موسچامپ در ادامه توضیح می‌دهد که معماری زاها حدید بیشتر به سبک «اُرگانیک» گرایش پیداکرده است. او طراحی‌های زاها حدید را با طراحان مرد در حرفه‌ی معماری مقایسه کرد و بیان می‌کند که تفسیرها و طرح‌های زاها حدید از جنسیت او تأثیر پذیرفته بودند. به‌طور مثال، ایده‌ی طراحی زاها حدید برای گسترش دادن طرح مرکز هنرهای برج پرایس در برتلسویل[۱۰۷]، اوکلاهما، که در حال حاضر تنها برج فرانک لوید رایت جای داده شده است، سازه‌ای ۵۵،۰۰۰ فوتی، به جای احترام گذاشتن به ساختمان رایت، زاها حدید از خطوط پراحساس و نیرومند در طراحی استفاده کرده است که بر عمود بودن برج تأکید دارند. موسچامپ بدین‌سان پروژه‌ی حدید را شرقی‌مآبانه توصیف می‌کند-نمایش پروژه به عنوان یک اثر معماری به زوج جنسی تعبیرمی‌شوند؛ با حالاتی پراحساس از طرف شرق و چیره‌دستی استاد غربی.

رابرت ایوی[۱۰۸]، ویراستار و سردبیر نشریه‌ی معماری و شرقی رکورد[۱۰۹]، روی جلد مجله به صورت تحقیرآمیزی دستاوردهای زاها حدید را به سخره گرفت.

106 Butlin's Holiday Campus

107 Price Tower Art Center

108 Robert Ivy

اشخاص و متخصصین برجسته در حرفه‌های دیگر پس از کسب چنین جایزه‌ی مهمی زندگی شخصی‌شان چنین موشکافانه مورد بررسی و انتقاد واقع نشده است؟ ماری کوری[۱۱۰]، به طور مثال، از لحاظ طرز لباس و پوشش مورد انتقاد مفسران مرد قرارگرفت.

دریافت جایزه‌ی معماری پریتزکر، حدید را در رده‌ی دارندگان نوبل قرار می‌دهد، هر چند معماری زاها حدید سزاوار چیز بهتری است اما بسیار از خبرنگاران از جمله ایوی، زاها حدید را مورد انتقاد قرار می‌دهند. به راستی، افتخار زن اول بودن در حرفه‌ی معماری و برگزیده شدن زاها حدید به سبب سابقه‌ی کاری درخشان برای برخی غم‌انگیز بود.

در سال ۱۹۹۱، هیأت داوری پریتزکر جرقه‌ی یک مناظره را مشتعل ساخت. زمانی‌که رابرت ونچوری بدون درنظرگرفتن همسر و شریک کاری او دنیس اسکات براون، معمار و نویسنده‌ای که دفتر معماری را با او سهیم بود و بیش از سه دهه، همکاری نزدیک و فعال با او داشت نماینده‌ی دریافت جایزه‌ی پریتزکر شد. هر چند دلایل رسمی برای انتخاب یک نماینده برای دریافت جایزه این بود که جایزه‌ی پریتزکر منحصراً به یک معمار اهداء می‌شود و نه یک دفتر معماری و تمامی شرکا.

سابقه‌ی اهدای جایزه به دو نفر در یک سال به سال ۱۹۸۸ برمی گردد، گوردن بونشفت و اسکار نیمیر[۱۱۱] که جایزه را با یکدیگر سهیم شدند. اسکات براون در مراسم جشن اهدای جایزه‌ی پریتزکر شرکت نکرد و وقتی گزارشگر لس‌آنجلس تایمز[۱۱۲] درباره‌ی عدم حضور او در مراسم اهدای جایزه پرسید، او

[109] Architectural Record

[110] Marie Curie

[111] Gordon Bunshaft and Oscar Niemeyer

[112] Los Angles Times

حرفه‌ی معماری را مورد سرزنش قرار داد که نیازمند خلق مردان ابر ستاره برای روشن شدن مسیر است.

به طرز طعنه‌آمیزی، اسکات براون اشاره به ایجاد سامانه‌ی ابرستاره شدن جنسیت در معماری داشت که محرومیت او از دریافت جایزه‌ی پریتزکر تاکیدی به این موضوع بود. در سال ۱۹۷۴، او در سخنرانی در کنفرانس طراحی زنان ساحل غربی در اوریگان[113] درباره‌ی تبعیض جنسیتی و سامانه ابر ستاره در معماری سخن گفت و همچنین درباره‌ی مبارزاتش برای شناخته شدن به عنوان همکار هنرمند همسرش و یا به طرز ساده‌ای به عنوان یک معمار زن در مسیرحرفه‌ای اش توضیح داد.

علی‌رغم پافشاری ونچوری درباره‌ی همکاری حرفه‌ای‌شان در دفتر معماری و در خواست او برای تخصیص دادن نسبتی مناسب به ایده‌ها و کار شریکش، منتقدان، اسکات براون را نادیده انگاشتند.

در شرح سریع همکاری و کمک‌های اسکات براون در یازده پارگراف رابرت ونچوری در مراسم پرتیزکر برای تقدیم جایزه‌ی معماری پریتزکر به همسرش گفت؛ «دنیس اسکات براون همراه و یاور او در تکامل نظری و طراحی معماری در سی سال گذشته بوده است و این دو زوج بیست و چهار سال است که با یکدیگر ازدواج کرده‌اند، دو کتاب نوشته‌اند، یادگیری از لاس‌وگاس[114] و چشم‌اندازی ازکمپودگلیلا: مقاله‌های برگزیده[115] ».

همان‌طورکه داستان‌های حدید و اسکات براون نشان می‌دهند تعیین حریف زن برای دریافت جایزه‌های معماری حس خشم را برمی‌انگیزد؛ حدید جایزه‌ی معماری پریتزکر را برنده شد و صحبت‌هایی گفته شدکه شایسته‌ی

113 West Cost Women's Design Conference in Oregon

114 Learning from LasVegas(with Steven Lzenour)

115 A view from the Campidoglio: selected essays

مقام و منزلت او در حرفه‌ی معماری نبود. انعکاس روزنامه‌ها نسبت به پیروزی حدید تلاش ناخوشایندی برای در ارتباط قرار دادن او در قالب مردانه‌ی یک معمار برجسته بود؛ در حالی‌که محروم‌سازی اسکات براون بیشتر حاکی از یک مقابله‌ی بی‌پرده بود و تأکید این مسأله بود که حضورزنان در حرفه‌ی معماری پذیرفته نیست.

هیچ زن معماری به تنهایی تا زمان حدید جایزه‌ی پریتزکر را دریافت نکرده است و به هیچ تیم معماری (زن- شوهری) هرگز چنین افتخاری اعطاء نشده است. در بهار سال ۲۰۱۳، موضوع زنان و جایزه‌ی معماری توسط بیاناتی که روی نوار ویدیویی توسط اسکات براون ضبط شده بود برای آگاهی عموم گسترش یافت و در مجله‌ی معمار منتشر شد. زمانی‌که درباره‌ی جایزه‌ی پریتزکر از او پرسیده شد او از ارزش‌های معماری منسوخ شده‌ای انتقاد کرد که این جایزه را تعریف می‌کنند.

با برکنار شدن او از این حرفه در حدود دو دهه پیش، اکنون معمار هشتاد و یک ساله احساس می‌کرد که زمان برای جبران فرار سیده است، «آن‌ها به من نه‌تنها جایزه‌ی پریتزکر را بلکه یک مراسم پریتزکر را مدیون هستند.». او می‌گوید: «اجازه دهید ادای احترام کنیم به اندیشه‌ی خلاق مشترک». در سال ۱۹۹۱ می‌بایست دو برنده اعلام می‌شد به جای آن تنها یک نفر اعلام شد. «آیا داوران جایزه‌ی پریتزکر به اندازه‌ی کافی جسور و بی‌باک هستند که به اشتباهات گذشته‌ی خود اعتراف کنند؟».

دو دانشجوی فارغ‌التحصیل از دانشکده طراحی هاروارد، تصمیم به پافشاری درباره‌ی این موضوع گرفتند. در اواخر مارچ، در یک دادخواست برخط نمایندگی اسکات براون را برای دریافت جایزه‌ی پریتزکر در سال ۱۹۹۱ به رسمیت شناختند. در اواخر ماه می، بیش از دوازده هزار نفر این دادخواست را امضاءکردند، از جمله ۹ دارنده‌ی جایزه پریتزکر و در میان آن‌ها نام زاها حدید، رم کولهاس و رابرت ونچوری به چشم می‌خورد.

رسانه‌ها درباره‌ی دادخواست، شایعه‌پراکنی کردند و همچنین به واکنش‌های منفی و حتی خصومت‌آمیز دامن زدند. بدگویی‌ها در بخش نظرات درباره‌ی دادخواست منتشر شده در نشریه‌ی برخط دیزین[۱۱۶] ثبت شده است، به طورمثال، در یکی از نظرات اسکات براون را به عنوان زنی که پا از حد خود فرا نهاده یا یک زن غرغرو و حق‌نشناس به تصویرکشیده شده است.

در جون، پیتر پالومو[۱۱۷]، رئیس هیأت داوران پریتزکر در سال ۲۰۱۳ به جیمز واسولین[۱۱۸] می‌نویسد که هیأت داوران نمی‌تواند «گمان دومی درباره‌ی این تصمیم اولیه‌ی خود داشته باشد و هیچ تقدیر یا سپاسگزاری برای اسکات براون به عمل نخواهد آورد.». او اعتراف کرد، «که چنین توصیفات و مناظرات قطعی در رابطه با آثار معماری اغلب بازتابی از زمان‌ها و مکان‌های خاصی هستند که ممکن است از تعصبات فرهنگی برگرفته شده باشد به نحوی که نقش یک زن را در فرایند خلاقانه‌ی حرفه‌ی معماری کم اهمیت جلوه دهد.». با وجود این، اگرچه اسکات براون به دریافت جایزه‌ی پریتزکر هرگز نایل نشد- اما دادخواست برای به رسمیت شناختن او، مباحثه و جدالی را پیرامون این موضوع برانگیخت.

حضور زنان معمار، حتی در بالاترین مرتبه‌ها نادیده گرفته می‌شود. در حرفه‌ای با حضور اندک زنان قهرمان، اسکات براون به عنوان یک الگوی معرفی شده است نه تنها به خاطر کارهای انقلابی‌اش در معماری، برنامه‌ریزی شهری و نظریه‌پردازی بلکه برای پشتکار و پافشاری‌اش برای دریافت اعتبار جایزه‌ای منقضی شده. تجدیدنظر برای واجد شرایط شدن ونچوری و اسکات براون برای دریافت جایزه‌ی پریتزکر مشترک پذیرفته نشد ولی اسکات براون

[116] Dezeen Magazine

[117] Peter Palumbi

[118] Assouline -Lichten & James

در پایان این دادخواست می‌گوید: «جایزه‌ی پریتزکر من عشق و علاقه‌ی تمامی افرادی است که به این دادخواست رأی مثبت دادند، من نسبت به گذشته کم‌تر افسرده و پریشان هستم».

بحث درباره‌ی جایزه‌ی پریتزکر همچنین توجه را به سمت موضوعاتی نظیر جوایز معماری جلب کرد. در قرن بیستم، به ویژه در دهه‌های آخر آن شاهد رشد فزاینده‌ی چنین جوایزی بدون هیچ بحثی درباره‌ی ارزش‌هایی که آن‌ها ترویج می‌نمایند هستیم. در قرن نوزدهم، جایزه‌ی پریکس روم[۱۱۹] مطرح شد که در سال ۱۷۲۰ توسط شاهنشاهی دانشگاه معماری فرانسه به دریافت‌کنندگان اجازه می‌داد که برای چندین سال در روم به تحصیلات ادامه دهند و به دانش خود درباره‌ی معماری کلاسیک بیافزایند. (در تاریخ ۲۴۸ ساله‌ی این جایزه و قبل از متوقف شدن آن در سال ۱۹۶۸، هیچ زن معماری نماینده‌ی دریافت جایزه نشد.).

امروز، نگاهی مختصر به ویکی‌پدیا برای جوایز معماری این نکته را آشکار می‌کند که برخی جوایز از لحاظ مالی ارزشمندتر از جایزه پریتزکر هستند. بنیاد هیات[۱۲۰] که بانی پریتزکر است (به نام خانواده بیلیونری است که صاحب هتل زنجیره‌ای هستند) و مبلغ اختصاص‌یافته به کسی‌که مورد تجلیل قرار می‌گیرد از زمانی‌که این جایزه آغاز به کارکرد در سال ۱۹۷۹ تغییر نکرده است.

[119] the Prix de Rome

[120] Hyatt

جوایز معماری

شکل ۶- دادخواست برای به رسمیت شناختن دنیس اسکات براون به عنوان نماینده‌ی دریافت جایزه‌ی پریتزکر به همراه همسرش رابرت ونچوری که این درخواست در change.org توسط کارولین جیمز و آریل آسولاین- لیچتن در بهار ۲۰۱۳ ارسال شده است.
مآخذ: کتاب لاتین با عنوان "Where are women in architecture"

در مناظرات پیرامون موضوع بحث اسکات براون، بسیاری می‌خواهند بدانند فراتر از ارزش مادی، این جایزه چه قیمتی دارد؟ آیا امروز این جوایز غیر مؤثر نیستند؟ آیاجایزه‌ی پریتزکر هنوز اهمیتی درخور دارد؟ از نقطه‌نظر پیشرفت شغلی، جایزه‌ی پریتزکر می‌تواند به رسمیت شناخته شدن عمومی فوق‌العاده‌ای را در برداشته باشد. زاها حدید گفته بود که نمایندگی او و برای دریافت جایزه‌ی پریتزکر تغییرات فراوانی در نحوه‌ی رفتار مردم داشته است زیرا مردم فکر می‌کنند که دفتر شما قادر به انجام تمامی امور مورد نظر کارفرمایان می‌باشد و اطمینان می‌دهد که این جوایز شرایط دفتر معماری را تغییر خواهد داد و مشتریان جدید را جذب خواهدکرد. دفتر طراحی زاها حدید نیز با تعداد بسیاری از قراردادهای سودده برای ساختمان‌های تجاری و

سفارش‌های کارفرمایان ثروتمند و پرآوازه مواجه شد. جوایز معماری مهم هستند اما آمارها نشان می‌دهد که از حضور تعداد اندکی از زنانی معمار تجلیل شده است. مدال طلای شاهنشاهی بریتیش[۱۲۱]، بنیانگذاری شده در سال ۱۸۴۸ تنها سه بار به زنان معمار اعطاء شده است و در هر مورد همراه با یک شریک طراحی مرد بوده است.

مدال طلای مؤسسه‌ی معماری ایالات متحده، بنیانگذاری شده در سال ۱۹۰۷، هرگز تا سال ۲۰۱۴ به یک زن اعطاء نشده بود، تا زمانی‌که جولیا مورگان[۱۲۲] نماینده‌ی دریافت این جایزه شد.

در کل، اگر جایزه‌ی پریتزکر، مدال طلای شاهنشاهی بریتیش ، و مدال طلا مؤسسه‌ی معماری ایالات‌متحده را با هم ترکیب کنیم تا به حال، تعداد ۲۸۱ نفر نایل به دریافت چنین جوایزی شدند و فقط تعداد ۶ نفر (حدود ۲ درصد) از آن‌ها زن بودند. بیل لیسی[۱۲۳]، سردبیر اجرایی سابق جایزه‌ی معماری پریتزکر، اصرار دارد که چنین جوایزی به سبب آگاهی رساندن به مردم اهمیت دارند، «اگرچه جوایز ممکن است نوعی تبلیغات باشد که افراد نامدار را موفق تر می‌سازد اما من فکر می‌کنم که چنین پشتیبانی برای حرفه‌ی معماری سودمند است». در مقابل برخی دیگر موافق این نظر نیستند و در شگفت هستند که آیا جاودان کردن افسانه‌ی «بهترین مرد معمار» به تصویر حرفه‌ی معماری آسیب می‌زند یا خیر.

همان‌طورکه مارک الدن[۱۲۴] می‌نویسد، «جوایز معماری ترفیعات شخصی را در بردارد و این ایده را پرورش می‌دهد که حرفه‌ی معماری تنها توسط افراد

[121] RIBA

[122] Julia Morgan

[123] Bill Lacy

[124] Mark Alden Branch

جوایز معماری

مشهور انجام‌پذیر است». برنچ[125] اشاره می‌کند که پرآوازه‌ترین جوایز، به ندرت به حوزه‌های فنآوری، محیط‌زیست و یا عدالت اجتماعی تخصیص می‌یابد. برخی دیگر اشاره به هیأت داوران نخبه دارند و ادعا می‌کنند که آن‌ها با این حرفه هماهنگ نیستند (به خصوص در تغییر ارزش‌ها). همان‌طور که جایزه‌ی ۲۰۱۴ معماری پریتزکر و دادخواست اسکات براون وضع موجود را دگرگون کرده است؛ انتظار می‌رود جوایز بزرگی در معماری وضع شود که همکاری و مشارکت زنان، در حرفه‌ی معماری را به رسمیت بشناسند و زنان، نماینده‌ی دریافت چنین جوایزی باشند به نحوی که تساوی حقوق زن و مرد در حرفه‌ی معماری را در برداشته باشد. معماری بدین‌سان با دیگر رشته‌ها پیوند می‌خورد و خستگی بلند مدت ناشی از نادیده گرفتن زنان در حرفه‌ی معماری تا حدودی جبران می‌شود.

در سال‌های اخیر در ایالات متحده و اروپا، جوایز متمرکز شده برای شرکت زنان معمار و تساوی جنسیتی در حرفه‌ی معماری توسط مجله معماری رکورد[126]، دانشگاه کالیفرنیا، دانشکده‌ی طراحی محیط‌زیست برکلی و بی.دبلیو.ای.اف در انگلستان توسط مجله معمار، در ایتالیا توسط گروه ایتالسیمنتی[127] و در عراق توسط جایزه تمایز[128] ارایه شده است.

در کل، این جوایز هدف مشترکی را با هم سهیم هستند و آن تجلیل از خلاقیت زنان در حرفه‌ی معماری و ترفیع شخصیت آن‌ها به منظور مبارزه با تبعیض و تعریف نقشی ویژه برای آن‌هاست. یک دهه پیش، ثبت جوایز با محوریت حضور زنان در حرفه‌ی معماری از طرف زنان معمار مورد استقبال

---

[125] Branch

[126] Architectural Record

[127] Italcementi Group

[128] Tamayouz Excellence Award

قرار می‌گرفت اما اخیراً، بسیاری بر این امر متعرض شده‌اند که برچسب «معمار زن» برآن‌ها زده می‌شود. صراحت کلام اخیر درباره‌ی تبعیض حضور زنان در حرفه‌ی معماری حس جدیدی از یکپارچگی و حتی غرور در جدال هویتی را در برداشته است.

در سال ۲۰۱۲، زاها حدید انتخاب شد و در افتتاحیه مراسم سخنرانی مجله معمار، جین درو[۱۲۹] اظهار داشت که، «قدردانی از زاها حدید به خاطر کمک و همکاری چشمگیرش برای بهبود شرایط زنان در حرفه‌ی معماری بوده است.». از طرف داوران انتخاب زاها حدید به عنوان نماینده‌ی جایزه‌ی پریتزکر «به معنای به لرزه درآوردن سقف شیشه‌ای مکان اهدای جایزه‌ی پریتزکر بیشتر از کاندید هایدیگر بود». زاها حدید در مصاحبه‌ای که در سی.ان.ان بعد از دریافت جایزه‌ی پریتزکر داشت، اظهارکرد، «عادت داشتم که به من عنوان زن معمار داده نشود: من یک معمار هستم، نه فقط یک زن معمار» او ادامه داد، دوستان عادت داشتند که بر سر من آهسته ضربه بزنند و بگویند، «کار تو به اندازه‌ای که دختر هستی خوب و مورد قبول است» اما من در زنان نیاز باورنکردنی برای تأیید شدن و اطمینان یافتن مجدد که یک پروژه به خوبی انجام شده است می‌دیدم، اما شخصاً اصلاً به این موضوع اعتنا نمی‌کردم.

129 Jane Drew

شکل۷- کارولین جیمز (چپ) و آریل آسولاین- لیچتن (راست) در درب ورودی دانشگاه طراحی هاروارد، سال ۲۰۱۳

مآخذ: کتاب لاتین با عنوان"Where are women in architecture"

فصل ۵- زنان پیشرو در حرفه‌ی معماری

شایسته‌سالاری در حرفه‌ی معماری دارای پیشینه‌ی تاریخی و فرهنگی است. حدود دو هزار و پانصد سال پیش، توتموس سوم [۱۳۰] تلاش کرد که یاد و خاطره نایب‌السلطنه‌اش، هاتشسوپ [۱۳۱]، یکی از موفق‌ترین فراعنه و معماران مصر را که دارای آثار متعدد است حذف کند و با تیشه و خراش دادن سنگ‌ها، نام و تصویر او را از روی یادمان‌ها زدود. انگیزه‌های او کم‌تر احساسی و بیشتر به منظور اهداف سیاسی بوده است؛ او به چنین اقدامی دست زد تا از تاج و تخت پسرش، آمن‌هوتاپ دوم [۱۳۲]، کسی که از رقبا برای نشستن بر تخت پادشاهی پیشی گرفت و در دوره فرمانروایی‌اش برای توسعه میراثش به مبارزات و کشتارهای بسیاری دست زد محافظت کند.

قرن‌ها بعد، چنین اقدامی برای زدودن نام کسی به «خاطرات نفرین‌شده» معروف شد که الهام گرفته شده از این داستان است و در دادگاه قضاوت روم باستان به فردی گفته می‌شد که محکوم به اجرای این حکم می‌شد تا یادش برای همیشه از ذهن‌ها زدوده شود. این مجازات شوم از طرف مجلس سنای روم برای افراد وطن‌فروش و ظالم اختصاص می‌یافت. امروز، در تاریخ معماری مدرن، این مجازاتی است که برخی به سادگی در مورد حضور زنان در

[130] Thutmose III

[131] Hatshepsup

[132] Amenhotep II

حرفه‌ی معماری صادرمی‌کنند. دلایلی که جامعه، زنان معمار را فراموش و یا نام آن‌ها را حذف می‌کند گوناگون و پیچیده هستند.

در سال‌های اخیر، تاریخ‌نویسان گمان می‌کردندکه هیچ زن معماری در حرفه‌ی معماری قبل از نیمه‌ی قرن بیستم حضور نداشته است و به این سبب به خود زحمت نمی‌دادندکه نام و آثار زنان معمار را جستجو کنند و احتمال نمی‌دادندکه به طور اتفاقی با نام و آثار زنان معمار در طول تاریخ معماری برخورد کنند. روش‌های تحقیق سنتی مبتنی بر منابع و اسناد بایگانی شده، کتابخانه‌ها و مؤسساتی بودند که در ضبط و ثبت آثار زنان معمار ناکارآمد بوده‌اند.

مرکز اسناد و منابع بایگانی شده حضور زنان در حرفه‌ی معماری در سطح جهانی در دانشگاه ویرجینیاتک[۱۳۳] در سال ۱۹۸۵ توسط معمار بلغاری ملیکا بلیزانکو[۱۳۴] بنیانگذاری شد. هم‌اکنون این بایگانی شامل منابع کمی درباره‌ی نسل اول معماران زن در آمریکاست؛ طرح‌ها، پلان‌ها و یادداشت‌ها نیز از بین رفته‌اند. هر فردی که به دنبال آموختن درباره‌ی زندگی حرفه‌ای زنان معمار نسل اول آمریکاست باید مبتکر و خلاق باشد تا بتواند عنوان منابع اولیه‌ی تاریخی را به خوبی شناسایی و در بایگانی ثبت کند.

تک‌نگاری[۱۳۵] که مدت مدیدی است در حرفه‌ی معماری معمول شده به «نخبگان» و قهرمانان مرد اطلاق می‌شده است که با القابی نظیر جسور،

[133] Virginia Tech in Blackbur

[134] Milka Blizanko

[۱۳۵] واژه منوگرافی از دو جز (monos) یعنی واحد، یکتا ، تک و (Graphos) یعنی تصویر، توصیف و نگارش ترکیب می‌شود و در مجموع به معنی توصیف، تصویر یا نگارش یک واحد است. در ترجمه فارسی معادل این واژه‌ی تک نگاری انتخاب شده است. در واقع تک نگاری یک شیوه‌ی تحقیق جامعه‌شناسی است و محقق با بکار بردن این شیوه، پدیده‌های اجتماعی جامعه‌های کوچک را به‌طور ژرف و دقیق و همه جانبه مورد بررسی قرار می‌دهد.

مستقل، سخت‌کوش و نیرومند که همگی القاب مردانه در فرهنگ غرب هستند نامیده می‌شدند. برای کسانی که به دنبال بازگو کردن روایت‌ها به نوعی دیگر هستند تک‌نگاری بازدارنده‌ی ذهنی است، به خصوص در نحوه‌ی اندیشدن درباره‌ی حضور زنان در حرفه‌ی معماری که نام آن‌ها به فراموشی سپرده شده است. برخی از تاریخ‌نویسان از مدل تک‌نگاشت برای تولید لایه‌های بنیادی از نام «زنان بزرگ» استفاده کرده‌اند اما آن‌ها از این طریق این ایده را به چالش نکشیده‌اند که بهترین معماران از تکروی واستقلال تام برخاسته‌اند.

در دو دهه‌ی گذشته، مورخان علاقه‌مند به تاریخ‌های اجتماعی از شیوه‌ی تک‌نگاری فراتر رفته‌اند. این روش، توانمند باقی ماند و ادامه یافت تا مرجعی برای سامانه‌ی‌ابر ستاره شدن در حرفه‌ی معماری باشد.

در طول تاریخ، معماران پرآوازه به دنبال این هدف بودندکه موقعیت خود را تقویت کنند و در تاریخ معبد خدایان اغلب تک‌نگاشت‌های خود را درباره‌ی کارهای بزرگ خود می‌نگاشتند و به ندرت به انتقادات اشاره‌ای می‌کردند. تک‌نگاشت‌ها اصرار بر روی تک‌قهرمانی و فردگرایی دارند. چنین تاریخی مشارکت و همکاری را ترغیب نمی‌کند زیرا انجام یک کار گروهی به صورت تیمی جلال و شکوه قهرمان شدن را از بین می‌برد. این امر به طور عمده‌ای سبب شده است که حضور زنان در طول تاریخ در حرفه‌ی معماری به سبب دلایل حرفه‌ای و شخصی به فراموشی سپرده شود.

مناظره‌ی دنیس اسکات براون در سال ۱۹۹۱ در راستای تجدید نمایندگی او برای دریافت جایزه‌ی معماری پریتزکر به همراه همسر و شریک حرفه‌ای‌اش-رابرت ونچوری- دادخواستی جهانی در Change.org را دربرداشت که مؤسسه‌ی هیات[۱۳۶]، بنیانگذار جایزه‌ی معماری پریتزکر، بیست

مآخذ: وب‌گاه رشد. http://danesh.roshd.ir/

[136] Hyatt

و دو سال بعد در این باره می‌گوید که موضوع مهمی است ولی به هیچ وجه استثناء نیست.

مثال‌های فراوانی درباره‌ی شرکای زن در حرفه‌ی معماری وجود دارد که نامشان به سبب این‌که حرفه‌ی معماری از اختلال در سامانه‌ی ابر ستاره‌ها رنج می‌برد از تاریخ حذف شده است. موضوع اسکات براون در خور توجه هست نه‌تنها به خاطر قیل‌وقالی که او ایجاد کرده است بلکه به سبب انتقاد صریح از حذف نام او درحرفه‌ی معماری که توجه را به سمت تبعیض در معماری به دلیل گرایش به تک‌ستاره‌ها جلب می‌کند. اما حتی وقتی‌که زنان معمار حضور خود در حرفه‌ی معماری را اثبات می‌کنند بسیاری از تاریخ نویسان و هیأت داوران که به دنبال فرهنگ‌سازی و تجلیل از تک قهرمان‌ها هستند زنان را نادیده می‌گیرند بدون این‌که اهمیتی برای حضور تأثیرگذار آن‌ها در حرفه‌ی معماری قایل شوند. استفاده از قلم به جای تیشه (برای حکاکی بر روی سنگ)، این‌گونه تاریخ‌نویسان همانند توتموس سوم می‌اندیشیدند و حضور زنان معمار را از یادمان‌های حرفه‌ی معماری زدودند.

درحقیقت، زنان در برخی از موارد خود سبب حذف نام و حضور خود در حرفه‌ی معماری شده‌اند. دو سال پیش، من سعی کردم که با یک زن معمار درباره‌ی حضور حرفه‌ای‌اش که سی سال به طول انجامیده بود (از ۱۸۷۸ تا ۱۹۴۸) مصاحبه کنم او و همسرش در حرفه‌ی معماری فعالیت داشتند و بعد از فوت همسرش در سال ۱۹۵۴ او فعالیت خود را به تنهایی در حرفه‌ی معماری ادامه داده بود. هر زمان من از او درباره‌ی پروژه‌هایش می‌پرسیدم او موضوع را به دستاوردهای همسرش در زمینه‌ی طراحی می‌کشاند و وقتی از او درباره‌ی کارهای شخصی‌اش می‌پرسیدم او پاسخ می‌داد که تنها خود را در خلال فعالیت‌های همسرش در حرفه‌ی معماری می‌فهمد و در انتها او اشاره کرد به نوشتن کتابی درباره‌ی آثار همسرش پرداخته است. ما هرگز فرصتی نیافتیم که پیرامون آثار و فعالیت‌های او به عنوان معمار صحبت کنیم. با وجود این، علی‌رغم چنین استیصالی درباره‌ی حضور یک زن در حرفه‌ی معماری، در چند

دهه‌ی گذشته کتاب‌های بی‌نظیر و مقالات چشمگیری درباره‌ی حضور زنان در حرفه‌ی معماری دیده شده است.

امروز، اطلاعات درباره‌ی حضور تاریخی زنان در حرفه‌ی معماری به طور فزاینده‌ای در دسترس است اما به ندرت در رأس مطالب درسی قرار گرفته است. به راستی، این امر هنوز در مدارس معماری به رسمیت شناخته نشده که دانستن نام زنان معمار در سال‌های قبل از ۱۹۷۰ برای دانشجویان الزامی است. این وضعیت شبیه این است که وارد کتابخانه‌ای شوید که قفسه‌های آن پر از تک‌نگاشت‌های باشکوه درباره‌ی تک‌ستاره‌ها باشد و انتظار داشته باشید که با کتابی درباره‌ی حضور یک زن معمار در حرفه‌ی معماری آشنا شوید. آثار زنان معمار به ندرت در موزه‌های بزرگ به نمایش گذاشته شده‌اند و این امر نشانی از عدم علاقه به حضور آثار طراحی زنان معمار است. به بیانی دیگر، یک ناپیوستگی ارتباطی بین تاریخ و تبعیض، از گذشته تا به حال وجود داشته است و کتاب‌ها و مقالات به‌تنهایی برای بازگویی این خاطرات جمعی برای شناخت شرایط زنان معمار کافی نیستند.

کمبود منابع ثبت‌شده درباره‌ی حضور زنان در حرفه‌ی معماری در دایره‌المعارف برخط «ویکی‌پدیا» یکی از وب‌گاه‌های پربازدیدکننده در جهان، نگران‌کننده است. سوگاردنر[۱۳۷]، سردبیر اجرایی مؤسسه ویکی‌پدیا، اعتراف می‌کند که سامانه‌ی وب‌گاه ویکی‌پدیا به گونه‌ای است که در مقابل پست‌های زنان ویراستار وب و کسانی‌که مقالات جدیدی را درباره‌ی تاریخ حضور زنان در حرفه‌ی معماری ارایه کرده بودند مقاومت کرده است زیرا ویراستاران مرد وب‌گاه تنها به دنبال منابع موثق و عناوین به ظاهر مهم‌تر می‌گردند و به دنبال حذف مقالاتی این چنینی به خصوص درباره‌ی تاریخ حضور زنان در حرفه‌ی معماری هستند.

[137] Sue Gardner

در سال ۲۰۱۳، من شاهد چنین مباحثاتی پیرامون ویرایش مطالب در وب‌گاه ویکی‌پدیا بودم وقتی‌که شخصی تصمیم داشت مطلبی درباره‌ی معمار تکلاشیلد[۱۳۸] به زبان آلمانی در وب‌گاه ویکی‌پدیا منتشر کند. معمار تکلاشید کسی‌که در سال‌های قبل از جنگ جهانی اول تلاش‌های بسیاری برای گنجاندن حرفه‌ی معماری در مؤسسه‌ی فنآوری کارلسرو[۱۳۹] کرد. داستان تاریخی تکلاشید بسیار باارزش است، نه فقط به دلیل موفقیت او برای بازگشایی درب‌های دانشگاه برای ورود زنان (او در آلمان دومین زنی بود که از دانشگاه معماری فارغ‌التحصیل شد) بلکه به سبب یادداشت‌هایی از تجاربش در حرفه‌ی معماری که بسیار نادر هستند نسخه‌های دست‌نوشته‌ی شیلد که هرگز منتشر نشدند آگاهی‌دهنده درباره‌ی این نکته هستندکه در یک قرن پیش زنان برای تحصیل در رشته‌ی معماری با چه دشواری‌هایی مواجه بوده‌اند و دیدگاه جامعه درباره‌ی حضور زنان معمار چگونه بوده است.

من متوجه شدم که در صبح روز ۳۰ مارچ ۲۰۱۳، ویراستاری با شناسه جدید[۱۴۰] یادداشت مختصری درباره‌ی معمار تکلاشیلد ارسال کرده است. این ویراستار، تازه وارد به ویکی‌پدیا، در نوشته‌های خود از زنان معمار بسیاری نام برده بود. با این وجود تنها سی دقیقه بعد از اولین ارسال درباره‌ی تکلاشیلد، شخصی جدید وارد وب‌گاه ویکی‌پدیا می‌شود،کسی‌که سابقه‌ی فعالیت در این وب‌گاه را از سال ۲۰۰۸ داشت و درخواست برای حذف سریع این مقاله را مطرح می‌کند. در حقیقت، مقاله‌ی ارایه شده درباره‌ی معمار تکلاشیلد به نظر مبهم و ناتمام بود و برخی از نقدها بر آن وارد بودند؛ اما دو مقوله‌ای که توجه

[138] Thekla Schild

[139] Karlsruhe

[140] CMdibev

من را به خود جلب کردند، به نظر شناسه‌ای به نام درکرومودور[141] بود که اظهار می‌داشت که تکلاشیلد به اندازه‌ی کافی سزاوار این نیست که در فهرست ویکی‌پدیا باشد، او اظهار تردید کرده بود که اصلاً شخصی به نام تکلاشیلد وجود داشته باشد.

نزدیک به بیست سال است که درباره‌ی زنان معمار می‌نویسم و بارها با اظهار نظرهای تحقیرآمیزی درباره‌ی این موضوع روبرو شدم اما هیچ‌کس تا به حال وجود زنان معمار را نادیده نگرفته بود. شناسه‌ی کرومودور کسی‌که خود را به عنوان یک علاقه‌مند به ادبیات و زبان معرفی کرده بود درباره‌ی تکلاشیلد در گوگل جستجو کرده و چیزی نیافته بود و گمان برده بود که تکلاشیلد شخصی خیالی است. چند هفته بعد از این موضوع، اگرچه، چندین ویراستار با همکاری پی‌گیر، ویکی‌پدیا را ترغیب کردند، واژه‌های وارد شده را تکمیل کردند و تکلاشیلد را نجات دادند و ورود او را به دنیای مجازی خوش آمد گفتند، بااین‌حال، روش آسانی که شناسه‌ی کرومودور توانست نام تکلاشیلد را نادیده بگیرد به نظر شگفت‌آور می‌رسید و دلیل محکمی است که چرا مطمئن ساختن دنیای مجازی از حضورزنان تحصیل‌کرده درمعماری اهمیت دارد.

همان‌طور که میاریدج[142]، روشنفکر جوان و طرفدار تاریخ دیجیتال، درباره‌ی موتورهای جستجو گفتگوهای بسیاری کرده و آن‌ها را شکل دهنده‌ی اندیشه جهان امروزی می‌داند. یک تاریخ‌نویس شاید دهه‌ها در اسنادهای تاریخی جستجو کرده باشد تا بتواند یافته‌های خود را در نشریه‌های معتبر بنویسد اما اگر ماحصل چنین کاری، هیچ حضور برخط نداشته باشد به این معناست که وجود ندارد. میاریدج این نکته‌ی پیچیده را این‌طور بیان می

---

[141] Der Krommodre

[142] Mia Ridge

کند: «اگر موضوعی قابل جستجو در گوگل نباشد، آن چیز وجود ندارد.». به دلیل این‌که مقالات ویکی‌پدیا معمولاً ابتدا در گوگل جستجومی‌شوند، طرح کردن به ویژه ثبت برخط در چنین وب‌گاهی بسیار اهمیت دارد.

در مقایسه با بایگانی رایگان اسناد و منابع دیجیتال زنان معمار آمریکایی بنیانگذاری شده توسط مؤسسه‌ی معماری بورلی‌ویلز (بی.دبلیو.ای.اف)، میزان اطلاعات تاریخی که در ویکی‌پدیا ناپدید شده بسیار زیاد است. همانند ویکی‌پدیا، مؤسسه‌ی معماری بورلی ویلز یک پایگاه داده متکی بر مشارکت عموم است و همچنین نیازمند کارشناسانی است که داده‌ها را ویراستاری کنند و به آن‌ها بیفزایند. مؤسسه‌ی معماری بورل‌یویلز در حال حاضر متمرکز بر پوشش‌دهی ملی برای برپایی پایگاهی برای حامیان پیشگام در هنر است، «بنیاد زنان معمار قرن بیستمی آمریکایی» شامل پنجاه دانش‌پژوه می‌باشد که در حال تحقیق و واردکردن اطلاعات درباره‌ی پنجاه زنی هستندکه از طرف هیأت داوری انتخاب شده‌اند.

بایگانی اسناد مؤسسه‌ی معماری بورلی‌ویلز به اندازه‌ی ویکی‌پدیا دارای مرتبه‌ی بالایی در بخش جستجوی گوگل نیست، برخی از داده‌های ورودی ویکی‌پدیا درباره‌ی حضور زنان در حرفه‌ی معماری در آمریکا در منابع خود به آن اشاره می‌کنند. در آوریل ۲۰۱۳، داستان‌نویس آمریکایی آمندافلیپچی[۱۴۳] یک مناظره‌ی گسترده در نیویورک تایمز درباره‌ی ویراستاران ویکی‌پدیا به راه انداخت زیرا ویکی‌پدیا در حال بازسازی و طبقه‌بندی فهرست‌هایی بودکه زنان را مستثنی می‌ساخت. او می‌گوید، «من متوجه‌ی چیز غریبی درباره‌ی ویکی‌پدیا شدم.». این پروژه به تدریج تکمیل گردید و در طول زمان، ویراستاران شروع به پردازش فهرست جنبش زنان کردند، یکی‌یکی، بر اساس حروف الفبا، از «داستان‌نویسان آمریکایی» گرفته تا زیرگروه‌هایی نظیر، «زنان آمریکایی آفریقایی داستان‌نویس.».

[143] Amenda Filipacch

هدف این بود که فهرستی از مردان «داستان‌نویس آمریکایی» تهیه شود. همان‌طورکه جویس کارول[۱۴۴] در جواب نوشت، تمامی نویسندگان مرد، نویسنده هستند؛ «ولی یک زن نویسنده، زن است.». چند روز بعد، نویسنده‌ی بخش فنآوری جیمزگلیک[۱۴۵] ، از جدال رو به رشد برای نقد کتاب در نیویورک تایمز گزارش داد و به این نکته اشاره کرد که به نظر می‌رسد که مشکل وسیع‌تر و شایع‌تر از قبل است.

در وب‌گاه ویکی‌پدیا، در تمامی طبقه‌بندی‌های فهرست از زنان و افرادی که از نژاد غیرسفید هستند تنها در زیرگروه‌ها نامبرده شده است، او می‌نویسد: «مایا آنجلو[۱۴۶] درگروه نویسندگان آمریکایی-آفریقایی، شعرای زن آمریکایی-آفریقایی و زنان آمریکایی است اما در گروه شعرای آمریکایی یا نویسندگان آمریکایی قرار ندارد.». «فهرست معماران» در ویکی‌پدیا که از عهد عتیق تا دوران معاصر است، تنها شامل ۷۵۵ معمار می‌شود؛ تعداد ۷۲۶ نفر مرد و فقط ۲۹ نفر زن هستند.

اگرچه در حقیقت مردان معمار در مقایسه با زنان حضور گسترده‌تری در این حرفه داشته‌اند ولی چنین بی‌عدالتی در مورد حذف نام زنان معمار گمنام و یا عدم تحقیق در این مورد ناشی از کوتاهی دست‌اندرکاران ویکی‌پدیا نیز هست چراکه مردان معمار گمنام با دستاوردهای اندک نیز در این حرفه، شامل ماریون گریفن، شارلوت پریاند، یلین گری، جن‌گنگ[۱۴۷] کاری عبث و بی‌ثمر برای دست‌اندکاران ویکی‌پدیاست.

[144] Joyce Carol Oate

[145] James Gleik

[146] Maya Angelou

[147] Marion Mahony Griffen , Charlotte Perriand, Eileen Gray, Jeanne Gang

علاوه بر این، حرفه‌ی معماری به روال سنتی و متعارف از طریق تمرکز بر روی یک آفریننده‌ی منحصر به فرد و کاملاً مستقل تعریف شده است؛ به این‌گونه نام رابرت ونچوری در فهرست معماران قرن بیستم ثبت شده است اما نام دنیس اسکات حذف شده است. من مطمئن نیستم که راه‌حل برای عدم حضور زنان در «فهرست معماران» تنها ادغام آن‌ها با «فهرست زنان معمار» باشد.

در معماری، کمک و همکاری زنان بسیار اندک شناخته شده و در ویکی پدیا به طور مختصر به آن اشاره شده است. همان‌طور که آمندا فلیپچی گزارشگر روزنامه‌ی تایمز اشاره می‌کند، مردم به ویکی‌پدیا رجوع می‌کنند تا ایده بگیرند که به چه کسی افتخار کنند و یا درباره‌ی آن مطالعه کنند و اگر آن‌ها در اولین صفحات، سردرگم و گیج شوند، که بیشتر اوقات اتفاق می‌افتد، هرگز نخواهند فهمید که حضور زنان در رشته‌ی مورد نظر نادیده گرفته و حذف شده است. به این علت، زنان همواره نیمه‌ی‌پنهان باقی خواهند ماند.

دادخواست اسکات براون نه‌تنها به توانمندی اینترنت و اطلاع‌رسانی از طریق برخط گواهی می‌داد بلکه نشان‌دهنده‌ی نارضایتی گسترده‌ای از حذف دستاوردهای زنان در حرفه‌ی معماری بود. در جون سال ۲۰۱۳، وقتی‌که من اولین مقاله‌ام را در نشریه‌ی پلیسز درباره‌ی زنان معماری که هنوز نام آن‌ها در تاریخ ثبت نشده‌اند منتشرکردم این مطلب اعتراضی بر چنین بی‌عدالتی درباره‌ی حضور زنان در حرفه‌ی معماری بود. در اواخر همان سال، ایست بورنیو[۱۴۸]، یک نشریه‌ی برخط لس‌انجلسی که پذیرای این جنبش که نام زنان معمار باید در ویکی‌پدیا ثبت شود بود، مقاله‌ی من و دادخواست جدال‌انگیز اسکات براون را به عنوان منبع الهام خود معرفی کرد. در اواسط می سال ۲۰۱۴، لیچن[۱۴۹] کسی‌که همراه جیمز[۱۵۰]، جنبشی برای این دادخواست به راه

---

[148] East of Borneo

[149] Arielle Assouline-Lichten

انداخت بخش بزرگ‌تری از مطالب خود را به «مطالب پنهان دیجیتالی» اختصاص داد و به افزایش حضور برخط موضوعات تاریخی حاشیه‌ای در معماری اشاره کرد.

در نشست‌هایی که ویکی‌پدین‌های علاقه‌مند گردهم می‌آیند تا از توان دموکراتیکی اینترنت حمایت کنند، هریک از ما می‌توانیم بخشی از این تلاش باشیم به نحوی که از فراموش شدن حضور زنان در حرفه‌ی معماری جلوگیری کنیم. خواندن یک کتاب یا یک مقاله درباره‌ی یک زن معمار می‌توانید به اشاعه‌ی آن‌چه شما آموختید کمک کنید.

همکاری در ویکی‌پدیا و دیگر منابع برخط فرصتی برای دانشجویان و خوانندگان جوان و همچنین عموم مردم در حد وسیع‌تر است زیرا منجر به درک حضور زنان در حرفه‌ی معماری می‌شود. با افزوده شدن هر نام، میراث غنی و طولانی حضور زنان در حرفه‌ی معماری درخشنده‌تر می‌شود و بعد از آن بسیار دشوار خواهد بود که حضور زنان، چه در کلاس درس، چه در دفاتر معماری و طراحی و چه در دریافت جوایز بین‌المللی نادیده گرفته شود.

[150] Caroline James

شکل ۸- تصویری از تام موریس که به زنان می‌گوید قدرت ویراستاری را دست‌کم نگیرند، مارچ ۲۰۱۲. تصویر بالا، شعار «ما می‌توانیم!» را در بردارد که توسط هاوارد میلر در سال ۱۹۴۲ طراحی شده است و این تصویر به صورت آگهی‌ای بر روی دیوارهای خانه‌های متحرک جنگ جهانی دوم نقش بسته بود.

مآخذ: کتاب لاتین با عنوان "Where are women in architecture"

فصل ٦- نگاه به گذشته و حرکت به جلو

پس از گذشت یک قرن طفره رفتن درباره‌ی حضور زنان در حرفه‌ی معماری و پرسش درباره‌ی جایگاه زنان در این حرفه، هم‌اکنون به نظر می‌رسد که مناظره درباره‌ی تساوی حقوق زنان و مردان در حرفه‌ی معماری به طرز روز افزونی همه را در هر جای دنیا تحت تأثیر قرار داده است.

باربی معمار تقریباً به محض این که از کارخانه‌ی اسباب‌بازی بیرون آمد شروع به مسافرت کرد، در وب‌نوشت‌ها و در وب‌گاه‌های سازندگان ارشد و از جمله درگنبد ژئودوزی فولر در مونترال[151] و تیلیسین[152] فرانک لویدرایت در اسپرینگ گرینوین سکانسین[153] و در دانشگاه معماری و برنامه‌ریزی شهری بوفالو ظاهر شد. با ژست گرفتن برای یک عکاس و یا بررسی جزئیات معمارانه، عروسک باربی معمار به بهانه‌ی کسب درآمد وارد دنیای زنانه شد و سعی کرد درباره‌ی حضور زنان معمار در جامعه آگاهی دهد.

در هشتم ماه مارچ سال ۲۰۱۵، روز ملی زنان، استودیوی معماری بیست میزبان ویکی‌پدیا به عنوان ویکی‌دی[154] و «ویکی‌پدیای زنان طراح» شد برای حضور زنان معمار در وب‌گاه‌هایی نظیر ویکی‌پدیا باشد را ترغیب کند. این رویداد که توسط لوری براون شرح داده شد، خبر از وارد شدن به مرحله‌ی نوینی می‌داد. کارگاه‌ها در آمریکا، استرالیا، آلمان، کانادا، ایرلند، اسپانیا و پرتغال برگزار شدند و فهرستی از بیش از هفتاد داده ورودی واجدالشرایط تهیه

[151] Buckminster Fuller

[152] Taliesin

[153] Spring Green Winsconsin

[154] Wikiday

شد. براون گزارش کرد که کارگاهی که او در شهر نیویورک بر آن نظارت داشت لحظه‌های تدریس موثری را دربرداشت و دربرگیرنده‌ی داوطلبانی بود که شاهد حذف شدن داده‌های خویش توسط ویراستاران ویکی‌پدیا بودند به عبارتی این امر چند دقیقه بعد از واردکردن اطلاعات از طرف آن‌ها انجام می پذیرفت (بدون هیچ مناظره و گفتگویی). این نکته تجربه‌ی مشابهی در سال ۲۰۱۲ را به یاد می‌آورد. همان‌طورکه در فصل پنجم، اشاره شد، متصدیان اسناد در دانشگاه برکلی در بخش مرکز اسناد و بایگانی طراحی محیط‌زیست که در ویکی‌دی شرکت داشتند همچنین درباره‌ی چالش‌های فراوانی که در ورود داده‌های آن‌ها نیز رخ داده بود اشاره کردند و گزارش دادندکه ویراستاران ویکی‌پدیا اهمیت زنان پیشنهاد شده را زیر سئوال برده بودند و درخواست منابع بیشتر برای اثبات موضوع کرده بودند.

در نوامبر ۲۰۱۴، مدرسه‌ی معماری سان‌فاکس[۱۵۵] یک گردهمایی ترتیب داد، «حضور زنان در حرفه‌ی معماری»، تا بر چهلمین سالگرد رویداد ملی متمرکز «زنان در حرفه‌ی معماری» و جنبش برابری زنان تأکید نماید. همانند متصدیان پیشین در سال ۱۹۷۴، کنفرانس توسط دانشجویان زن معمار برگزار شد و بدین‌گونه موج دوم و سوم فمینیستی درباره‌ی حقوق زنان در سمت مشاغل مهم باهم متحد شدند. روت[۱۵۶]، کسی‌که دانشجوی فارغ‌التحصیل معماری بود و ریاست گردهمایی سال ۱۹۷۴ را به عهده داشت اظهار داشت که زنان پیشرفت‌های قابل‌توجهی در این زمینه داشته‌اند، موانع و مشکلات سازمانی هنوز وجود دارد و به‌طور دیوانه‌کننده‌ای می‌تواند فایق آمدن برآن‌ها دشوار باشد. اگرچه زنان حداقل سخنرانان و شرکت‌کنندگان را تشکیل می‌دادند، حضور آن‌ها در این رویداد گواه نگرانی‌های ناشی از این

[155] San Fax

[156] Hannah Roth

پرسش در میان معماران در حال حاضر و آینده بود. پشتیبانی‌های جهانی از درخواست۲۰۱۳ دنیس اسکات براون و تأثیرات بلندمدت آن در زمینه‌ی پایه گذاری جوایزمعماری قابل تأمل است.

جایزه‌ی معماری پریتزکر از سال۲۰۱۰ هیچ زنی را به فهرست خود نیفزوده است. از۴۰ نفر معمار معتبر، تنها ۲ نفر زن هستند و زاها حدید تنها زنی است که بدون هیچ شریک مردی این جایزه را از آن خود کرده است. جولیا مورگان تنها زن برنده‌ی مدال طلای مؤسسه‌ی معماری ایالات متحده آمریکاست و هنوز تنها زن معماری است که چنین جایزه‌ای را کسب کرده است. اسکات براون، در این میان، هنوز منتظر اهداء جایزه‌اش می‌باشد. جریان‌های تغییر و تحول و دگرگون اغلب به عنوان یک نیروی مقاومت هستند. در ژانویه ۲۰۱۵، نشریه‌ی معمار در آخرین گزارش خود درباره‌ی «زنان معمار» به موضوع فاصله‌ی دستمزد بین زنان و مردان معمار پرداخت که کم‌کم به فراموشی سپرده می‌شود. به‌طور همزمان، گزارش‌ها حاکی از این امر بود که تبعیض جنسیتی در حال افزایش است: ۷۵ درصد زنان پاسخ‌دهنده گزارش دادند که چنین تجربه‌ای را در محیط کار داشته‌اند، در سال ۲۰۱۱ این آمار به ۶۳ درصد رسید (نشریه اشاره به این نکته داشت که کاهش این میزان به دلیل افزایش آگاهی زنان نسبت به این امر بوده است) ضمناً نشریه اشاره می‌کند که «زنان گفته‌اند که بیشتر در معرض تبعیض در دفاتر مهندسی بوده اند تا درکارگاه‌های ساختمانی.». علاوه بر این، گزارش‌ها نشان می‌دهد که زنان معمار، دفاتر بزرگ معماری را ترک می‌گویند و این امر حالتی تدافعی می باشد زیرا این زنان هرگز نخواسته‌اند بر سلسله مراتب دشوار دفاتر معماری غلبه کنند و در این زمینه پیشرو باشند. بدین‌سان «پیشرفت» حرفه‌ای زنان معمار به درجات قابل ملاحظه‌ای بستگی دارد. چنین «سنگر مستحکم مالی و اعتباری» در پروژه‌های مختص مردان به وضوح آشکار و مریی است.

درباره‌ی موضوع عدالت و برابری در زمینه‌ی طراحی همان‌طور که اشاره شد (میزان دستمزدها در دفاتر بزرگ به طور چشمگیری بالاتر از میانگین

دستمزد در دفاتر کوچک‌تر است.). تنها نیمی از زنان پاسخ‌دهنده در نظرسنجی گفته‌اند که امروز باید زنان را به ورود به حرفه‌ی معماری تشویق کرد. تعداد پاسخ‌دهندگان مرد که ۲۰ درصد از ۱۱۰ شرکت‌کننده در گزارش آماری در نشریه‌ی معمار را تشکیل می‌دادند، به تفاوت چشمگیری درباره‌ی فهم موضوع جنسیتی در شرایط کاری این حرفه اشاره کردند. ۸۲ درصد از دانشجویان مرد نیز به این نکته اشاره کردند که «فرصت‌های برابری برای زنان همانند مردان در این رشته وجود دارد، یک سوم مردان شرکت‌کننده اظهار کردند که به آن‌ها بیشتر از زنان معمار دستمزد پرداخت نشده است. بسیاری از برگزیدگان در این نظرسنجی از پاسخ دادن به این پرسش طفره رفتند.» شاید جای تعجبی نباشد که تعداد بیشتر مردان (۶۲ درصد) و زنان (۴۸ درصد) مخالف شفافیت در میزان دستمزدها در محیط کاری هستند.

چنین نگاه اجمالی بررسی بر روی مطالعات، انتشارات، کارگاه‌ها و گردهمایی‌ها، تظاهرات و حتی دیگر فعالیت‌های سازمانی درباره‌ی تعارض جنسیتی در حرفه‌ی معماری را می‌طلبد. علاوه بر این، ما نیازمندیم که اطمینان حاصل کنیم مناظراتی که بدین‌گونه مطرح شده‌اند نه‌تنها اغلب پی‌درپی تکرار می‌شوند و قابل توجه هستند بلکه بیشتر جامع‌اند.

در حرفه‌ی معماری تنها مردان نیستند که باید در پیشرفت و تکامل تاریخ معماری سهیم باشند، زیرا با اندیشیدن به فرصت‌های برابر برای حضور زنان در حرفه‌ی معماری و اهمیت دادن به جایگاه زنان معمار در جامعه می‌توان در مسیر ارتقا و پیشبرد این هدف حرکت کرد. به تازگی یک دختر دانشجو در رشته‌ی معماری به من مراجعه کرده است تا درباره‌ی شرایط زنان در حرفه‌ی معماری پژوهشی انجام دهد. او اشاره کرد که تجربه‌ی هیچ تبعیضی در مدرسه‌ی معماری را نداشته است و گمان می‌کرد که موانعی که زنان زمانی با آن روبرو بودند مربوط به گذشته است اصلاً، «شرایط به بدی قبلاً نیست». من متوجه شدم که پشت چنین قضیه ثابت‌شده‌ای درباره‌ی تغییر و تحول هم ترس و هم امید نسبت به آینده نهفته است، من او را به آموزش و آمادگی

بیشتر در این زمینه تشویق کردم و به او گفتم «در صورتی‌که پیشرو باشی به هر چیزی که آرزو داری دست خواهی یافت.».

فصل ۷- آثار برگزیده‌ی چند زن معمار

دنیس اسکات براون
Denise Scott Brown
ایالات متحده آمریکا

«معماران سبب ایجاد پیوند در بین مردم نیستند؛ آن‌ها تنها می‌توانند سبب گذر، حذف موانع و خلق مکان‌های ملاقاتی باشند که مفید و جذاب هستند.»

سوابق حرفه‌ای

دنیس اسکات براون در سال ۱۹۵۲ از دانشکده معماری دانشگاه در جنوب آفریقا فارغ‌التحصیل شد. وی و رابرت ونچوری در سال ۱۹۵۶ زمانی که در دانشگاه پنسیلوانیا مشغول به تحصیل بودند آشنا شدند و پس از ازدواج در سال ۱۹۷۶، دنیس اسکات بروان و رابرت ونچوری یک شرکت مشاور معماری راه‌اندازی کردند.

در سال ۱۹۹۱ هنگامی که همسر او برنده جایزه «پریتزکر» شد؛ هیئت داوران حضور و همکاری او را نادیده گرفتند و از همسر او تقدیر کردند وی نیز به مراسم اهدای جوایز بی‌توجه بود. پس از چندی همسرش در حضور دیگران اذعان داشت که معماری، تشریک مساعی بین هنرهاست.

دنیس اسکات براون و رابرت ونچوری برندگان مشترک مدال طلا AIA هستند که توسط موسسه معماری آمریکا (AIA) اعلام شده‌اند. دنیس‌اسکات براون، رابرت ونتوری و استیفن لزنور در خلق کتاب «از لاس‌وگاس بیاموزیم» در زمینه نمادهای فراموش شده در فرم و معماری همکاری کرد.

بیانیه‌ی درخواست معمار دنیس اسکات براون، جهت به رسمیت شناختن نقش وی در جایزه‌ی پریتزکر ۱۹۹۱، با بیش از دوازده هزار امضای هواداران و حمایتگران وی مواجه شد. این دادخواست که توسط دو زن جوان از انجمن زنان و طراحی هاروارد، شکل گرفت با استقبال و موفقیتی بزرگ‌تر از آنچه انتظار می‌رفت، مواجه شد. این پویش به منظور تجدیدنظر و بازاندیشی درباره‌ی موقعیت دشوار و حتی غیرعادلانه جایگاه زنان در معماری تشکیل شد.

آثار برگزیده‌ی چند زن معمار ۱۰۱

شکل ۹- دانشگاه میشیگان، توسعه و ساخت درایوپالمر
مآخذ: http://www.archdaily.com

۱۰۲ جایگاه حرفه‌ای زنان

شکل ۱۰- دانشگاه میشیگان،توسعه و ساخت درایو پالمر
مآخذ: http://www.archdaily.com

فرشید موسوی

Farshid Moussavi

«ما در جهانی هستیم که ایده‌ها در گریزند.»

سوابق حرفه‌ای

فرشید موسوی، متولد ۱۳۴۴ در شیراز، معمار و استاد ایرانی علوم معماری مدرسه طراحی دانشگاه هاروارد آمریکاست. وی در دانشگاه‌های کلمبیا و پرینستون به عنوان مشاور فعالیت می‌کند. پروفسور فرشید موسوی از جمله کارشناسان سرشناس معماری در جهان به حساب می‌آید. وی دو کتاب درباره‌ی تمرین‌های طراحی تألیف کرده است و یکی از همکاران دفتر خارجی معماران درلندن می‌باشد.

وی معتقد است معماری به معنای ایجاد تغییر در زندگی روزمره مردم است و بسیاری ازمعماران فراموش می‌کنند که مفهوم معماری مرتبط با زندگی و ایجاد تغییر است. به اعتقاد موسوی ساختمان‌ها فقط برای ساکنان آن‌ها نیستند و مردمی که هر روزه از کنار این ساختمان‌ها عبورمی‌کنند هم اهمیت فراوانی دارند. موسوی معتقد است که تمامی معماران دنیا به دنبال ایده‌هایی هستند که نقطه‌ی شروع طراحی باشد زیرا معماری نیز هنری است که تمامی هنرها را دربردارد ولی تنها پایبند بودن به ایده کافی نیست و معماری برتر باید فراتر از ایده‌پردازی و الهام باشد و این امر سبب طولانی شدن فرایند طراحی می‌شود.

شکل۱۱- وان لا دفانس

مآخذ: http://www.farshidmoussavi.com/node

شکل۱۲- موکاکلولند(MOCACleveland)
مآخذ:http://www.farshidmoussavi.com/node

شکل ۱۳-رونسبورنشهردانشگاه (RavensbourneCityCollege)

مآخذ: http://www.farshidmoussavi.com/node

زاها حدید

Zaha Hadid

«شما نه‌تنها باید به خود باور داشته باشید، بلکه باید بر این باور باشید که دنیا برای فداکاریتان ارزش قایل می‌شود.»

سوابق حرفه‌ای

زاها حدید معمار برجسته عراقی- بریتانیایی در سبک واسازی[157] بود. اغلب آثار وی انعکاس آمیزه‌ای از ساختمان‌سازی، زمین‌شناسی و مناظر اطراف است و طراحی‌های وی با حرکت و جریان داشتن، ضمن پیروی از هندسه نااقلیدسی، نظم جدیدی را در فضا ایجاد می‌کنند. معماری زاها حدید را می‌توان تلاش برای ایجاد پلی میان مدرنیسم متقدم و عصر دیجیتال دانست. حدید در سال ۲۰۰۴ نخستین زنی بود که به دریافت جایزه معماری پریتزکر نائل شد. وی در طول دوران فعالیت حرفه‌ای خویش حدود۹۵۰ پروژه را در ۴۴ کشور به اجرا درآورد. نشریه‌ی فوربز در سال ۲۰۰۸ او را به عنوان شصت و نهمین زن قدرتمند جهان لقب داد. از جمله پروژه‌های او عبارتند از:

- ✓ مرکزفرهنگی حیدرعلیف (۲۰۱۲)، باکو، آذربایجان
- ✓ مرکزورزش‌های آبی لندن(۲۰۱۱)
- ✓ مرکزمگی در بیمارستان ویکتوریا (۲۰۰۶)، کرکالدی، اسکاتلند
- ✓ ایستگاه قطارسریع‌السیرناپل (۲۰۰۶)، ناپل، ایتالیا
- ✓ ساختمان مرکزی ب‌ام‌و(۲۰۰۵)، لایپزیگ، آلمان
- ✓ ترن هوایی (۲۰۰۷) اینسبروک، اتریش
- ✓ مرکزعلمی فائنو(۲۰۰۵)، وولفسبرگ، آلمان
- ✓ مرکزهنرهای معاصرسینسینتی(۲۰۰۳)، سینسینتی، اوهایو، آمریکا
- ✓ سکوی پرش اسکی برگیسل(۲۰۰۲)، اینسبروک، اتریش
- ✓ ایستگاه آتش‌نشانی ویترا (۱۹۹۴)، ویلامراین، آلمان

157 Deconstruction

شکل ۱۴-موزه کناررودخانه، گلاسکو اسکاتلند

مآخذ:http://www.zaha-hadid.com

جایگاه حرفه‌ای زنان

تصویر ۱۶- مرکز فرهنگی حیدرعلیف
مأخذ:http://www.zaha-hadid.com

کتاب‌شناسی

Adams, Annmarie, and Peta Tancred. *"Designing Women": Gender and the Architectural Profession*. Toronto: University of Toronto Press, 2000.

Agrest, Diana. *Architecture from Without: Theoretical Framings for a Critical Practice*. Cambridge, MA: MIT Press, 1993.

Agrest, Diana, Patricia Conway, and Leslie Kanes Weisman, eds. *The Sex of Architecture*. New York: Abrams, 1996.

Ahrentzen, Sherry. "The Space between the Studs: Feminism and Architecture." *Signs* 29, no. 1 (2003): 179–206.

Ahrentzen, Sherry, and Kathryn H. Anthony. "Sex, Stars, and Studios: A Look at Gendered Educational Practices in Architecture." *Journal of Architectural Education* 47, no. 1 (1993): 11–29.

Ahrentzen, Sherry, and Linda N. Groat. "Rethinking Architectural Education: Patriarchal Conventions and Alternative Visions from the Perspectives of Women Faculty." *Journal of Architectural and Planning Research* 9, no. 2 (1992): 1–17.

AIA San Francisco and Equity by Design Committee. *Equity by Design: Knowledge, Discussion, Action! 2014 Equity in Architecture Survey Report and Key Outcomes*. Report prepared by Annelise Pitts, Rosa Sheng, Eirik Evenhouse, and Ruohnan Hu. San Francisco: AIA San Francisco, 2015.

Aileen. "Wanted: Women Architects! To Do Away with Domestic Difficulties." *Irish Times*, February 18, 1939.

Alexander, Ella. "Architect Barbie." *Vogue* (U.K.), March 1, 2011. http://www.vogue.co.uk/news/2011/03/01/barbie-the-architect-launches.

Allaback, Sarah. *The First American Women Architects*. Urbana: University of Illinois Press, 2008.

American Architectural Foundation. *"That Exceptional One": Women in American Architecture, 1888–1988*. Washington, DC: American Architectural Foundation, 1988.

American Builder and Journal of Art. "Women in Art." September 1, 1872, 52.

American Institute of Architects. "Resolution 15-1, Equity in Architecture." *2015 AIA National Convention and Design Exposition: Official Delegate Information Booklet*. Washington, DC: American Institute of Architects, 2015, 15–16.

———. "Women in Architecture Toolkit." October 2013.
http://issuu.com/aiadiv/docs/women_in_architecture_toolkit.
American Institute of Architects LinkedIn Forum. "Fetish in Pink." March–June 2011. http://www.linkedin.com/groupItem?
view=&srchtype=discussedNews&gid=113822&item=45564786&type=member&trk=eml-anet_dig-b_pd-ttl-cn.
Anderson, Becky. "At Last, It's Zaha Hadid's Time to Shine." *CNN International*, August 8, 2012. http://edition.cnn.com/2012/08/01/business/leading-women-zaha-hadid.
Anderson, Lamar. "How Women Are Climbing Architecture's Career Ladder." *Curbed*, March 17, 2014. http://curbed.com/archives/2014/03/17/how-women-are-climbing-architectures-career-ladder.php.
Anthony, Kathryn H. *Designing for Diversity: Gender, Race, and Ethnicity in the Architectural Profession*. Urbana: University of Illinois Press, 2001.
ArchDaily. "'Ladies (and Gents) Who Lunch with Architect Barbie' Event." October 13, 2011. http://www.archdaily.com/?p=175512.
Architects' Journal. Women in Practice. Special issue, *Architects' Journal*, January 12, 2012.
———. "Venturi Wins 1991 Pritzker Prize." April 17, 1991, 13.
Architectural Record. "Architectural Record Announces Winners of First Annual Women in Architecture Awards." August 12, 2014.
http://archrecord.construction.com/news/2014/08/140812-architectural-record-winners-first-annual-women-in-architecture-awards.asp.
———. "Harvard Students Fire Back at Pritzker Jury's Response to Denise Scott Brown Petition." July 11, 2013.
http://archrecord.construction.com/news/2013/07/130711-harvard-design-denise-scott-brown-petition-pritzker-jury.asp.
ArchiteXX. "Women. Wikipedia. Design. #wikiD." February 19, 2015.
http://architexx.org/women-wikipedia-design-wikid.
Arcilla, Patricia. "AJ's 2015 Women in Architecture Survey Says 'Pay Gap' Is Slowly Closing." *ArchDaily*, January 23, 2015.
———. "#wikiD: Help ArchiteXX Add Women Architects to Wikipedia." *ArchDaily*, February 25, 2015. http://www.archdaily.com/?p=602663.
Art in America. "Zaha Hadid Wins Pritzker." May 2004, 45.
Attfield, Judy, and Pat Kirkham, eds. *A View from the Interior: Women and Design*. London: Women's Press, 1989.
Baillieu, Amanda. "Architecture Is the Loser if We Censor History: Monographs Contribute to the Marginalisation of the Profession." *BDonline*, January 30, 2015.
http://www.bdonline.co.uk/comment/architecture-is-the-loser-if-we-censor-history/5073506.article.

Baker, Paula. "The Domestication of Politics: Women and American Political Society, 1780–1920." *American Historical Review* 89, no. 3 (1984): 620–47.
Bartning, Otto. "Sollen Damen bauen?" [Should ladies build?] *Die Welt der Frau (Gartenlaube)*, no. 40 (1911): 625–26.
Basnak, Megan. "Canvassing the Campus with Architect Barbie." *Archinect Blogs*, February 13, 2012. http://archinect.com/buffaloschool_stuudentlife/canvassing-the-campus-with-architect-barbie.
Battersby, Christine. *Gender and Genius: Toward a Feminist Aesthetics*. London: Women's Press, 1989.
Beck, Ernest. "Making the Mold: The Lack of Diversity in Architecture Isn't a Simple Problem, but There Are Better and Worse Ways to Approach the Issue." *Architect*, July 2, 2012. http://www.architectmagazine.com/practice/best-practices/making-progress-with-diversity-in-architecture_o.
Beem, Lulu Stoughton. "Women in Architecture: A Plea Dating from 1884." *Inland Architect* 15 (December 1971): 6.
Berkeley, Ellen Perry. "Women in Architecture." *Architectural Forum*, September 1972, 46–53.
Berkeley, Ellen Perry, and Matilda McQuaid, eds. *Architecture: A Place for Women*. Washington, DC: Smithsonian Institution Press, 1989.
Bethune, Louise. "Women and Architecture." *Inland Architect and News Record* 17, no. 2 (1891): 20–21.
Beverly Willis Architecture Foundation. "BWAF Rolls Out Leadership Awards." June 30, 2014. http://bwaf.org/bwaf-rolls-out-leadership-awards.
———. "Industry Leaders Roundtable Program." http://bwaf.org/roundtable/roundtable-about.
Birkby, Phyllis. "Herspace." *Making Room: Women and Architecture*. Special issue, *Heresies* 3, no. 3, issue 11 (1981): 28–29.
Bloomer, Jennifer, ed. *Architecture and the Feminine: Mop-Up Work*. Special issue, *Any*, January/February 1994.
Bonomo, Josephine. "Architecture Is Luring Women." *New York Times*, April 2, 1977.
Boquiren, Lisa. "In Equality—Architect Barbie's Journey to the Pritzker." *Metropolis*, July 9, 2013. http://www.metropolismag.com/Point-of-View/July-2013/In-equality-Architect-Barbies-Journey-to-the-Pritzker.
———. "What Can a Toy Do for Architecture?" *Metropolis*, November 2011. http://www.metropolismag.com/Point-of-View/November-2011/What-can-a-toy-do-for-architecture.
Branch, Mark Alden. "The Medal-Go-Round." *Progressive Architecture*, October 1994, 65–69, 108.

Branton, Harriet. "The Forgotten Lady Architect." *Observer-Reporter* (Washington, PA), April 23, 1983.

British Architect. "Women as Architects." January 5, 1900, 16–17.

Brown, Lori, ed. *Feminist Practices: Interdisciplinary Approaches to Women in Architecture*. Farnham, Surrey, England: Ashgate, 2011.

Brown, Lori, and Nina Freedman. "Women in Architecture: Statistics for the Academy." *Indigogo*. https://www.indiegogo.com/projects/women-in-architecture.

Brown, Mabel. "Women in Profession: VII—Architecture." *San Francisco Chronicle*, September 24, 1905.

Buckley, Cheryl. "Made in Patriarchy: Towards a Feminist Analysis of Women and Design." *Design Issues* 3 (Autumn 1986): 3–14.

Building Age. "What a Woman Architect Could Do." January 1, 1911, 38.

Burns, Karen. "The Elephant in Our Parlour: Everyday Sexism in Architecture." *Archiparlour*, August 20, 2014. http://archiparlour.org/the-elephant-in-our-parlour-everyday-sexism-in-architecture.

———. "A Girl's Own Adventure: Gender in Contemporary Architectural Theory Anthology." *Journal of Architectural Education* 65, no. 2 (2012): 125–34.

———. "Who Wants to Be a Woman Architect?" *Archiparlour*, May 2, 2012. http://archiparlour.org/who-wants-to-be-a-woman-architect.

Bustillo, Miguel. "Search Is On for Hot Stuff." *Wall Street Journal*, December 8, 2011.

Butcher, Luke. "Architect Barbie." *Luke Butcher Blog*, April 6, 2011. http://lukebutcher.blogspot.com/2011/04/architect-barbie.html.

Capuzzo, Mike. "Plight of the Designing Woman." *Philadelphia Inquirer*, December 10, 1992.

Chen, Stefanos. "In Architecture, a Glass Ceiling." *Wall Street Journal* online, August 21, 2014. http://www.wsj.com/articles/in-architecture-a-glass-ceiling-1408633998.

Chicago Daily Tribune. "Successful Woman Architect." August 26, 1896.

———. "These Girls Are Architects: Their Designs for a Hospital in San Francisco Have Been Accepted." December 15, 1894.

———. "U. S. Women Architects Number 379, Count Shows." May 21, 1939.

Christian Science Monitor. "Shakespeare Memorial Design Explained by Woman Architect." January 6, 1928.

———. "Women Architects." September 12, 1921.

Churchill, Bonnie. "Versatile Architect Wins Pritzker Prize." *Christian Science Monitor*, April 8, 1991.

Cincinnati Enquirer. "Women Architects." September 11, 1880.

Clark, Justine. "Six Myths about Women and Architecture." *Archiparlour*,

September 6, 2014. http://archiparlour.org/six-myths-about-women-and-architecture.

Clausen, Meredith L. "The Ecole des Beaux-Arts: Toward a Gendered History." *Journal of the Society of Architecture Historians* 69, no. 2 (2010): 153–61.

Click. Directed by Frank Coraci. Culver City, CA: Columbia Pictures Corporation, 2006. DVD.

Coates, Nigel. "Sometimes You Have to Behave Like a Diva if You Want to Get Stuff Built." *Independent*, May 30, 2004.

Cohen, Jodi S. "Ground Zero of Affirmative Action Issue: As Michigan Voters Decide Whether Gender, Race Should Be Factors in Jobs and Admissions, the Outcome Could Affect the National Debate." *Chicago Tribune*, October 19, 2006.

Cohen, Noam. "Define Gender Gap? Look Up Wikipedia's Contributor List." *New York Times*, January 30, 2011.

Cohen, Philip. "More Women Are Doctors and Lawyers than Ever—but Progress Is Stalling." *Atlantic*, December 11, 2012. http://www.theatlantic.com/sexes/archive/2012/12/more-women-are-doctors-and-lawyers-than-ever-but-progress-is-stalling/266115.

Coleman, Debra, Elizabeth Danze, and Carol Henderson, eds. *Architecture and Feminism*. New York: Princeton Architectural Press, 1996.

Colomina, Beatriz, ed. *Sexuality and Space*. New York: Princeton Architectural Press, 1992.

Cooney, Kara. *The Woman Who Would Be King: Hatshepsut's Rise to Power in Ancient Egypt*. New York: Crown, 2014.

Countryside. "Women Architects." *Arthur's Home Magazine* 53 (June 1885): 368.

Cramer, Ned. "The Shigeru Ban Win Is a Big Deal." *Architect*, May 1, 2014. http://www.architectmagazine.com/architects/the-shigeru-ban-win-is-a-big-deal_o.aspx.

Daily Boston Globe. "Gropius Tells Lacks of Properly Built Homes." May 22, 1938.

Danze, Elizabeth, and Carol Henderson, eds. *Architecture and Feminism*. New York: Princeton Architectural Press, 1996.

Darley, Gillian. "A Stage of Her Own." *Guardian*, January 29, 2011.

Daussig, Fritz. "Ein weiblicher Architekt" [A female architect]. *Daheim* 45, no. 48 (1909): 11–14.

Davies, Catriona. "Denise Scott Brown: Architecture Favors 'Lone Male Genius' over Women." *CNN International*, May 29, 2013. http://edition.cnn.com/2013/05/01/business/denise-scott-brown-pritzker-prize.

[Davison, Thomas Raggles]. "May Women Practise Architecture?" *British Architect*, February 21, 1902.

De Graft-Johnson, Ann, Sandra Manley, and Clara Greed. *Why Do Women Leave Architecture?* Bristol: University of the West of England–Bristol, and London: Royal Institute of British Architects, 2003.

Derringer, Jaime. "Top 10 of 2011: Design." *USA Character Approved Blog*, December 7, 2011. http://www.characterblog.com/design/top-10-of-2011-design.

Dezeen Magazine. "Denise Scott Brown Demands Pritzker Recognition." March 27, 2013. http://www.dezeen.com/2013/03/27/denise-scott-brown-demands-pritzker-recognition.

Doumato, Lamia. *Women as Architects: A Historical View*. Monticello, IL: Vance Bibliographies, 1978.

Duffy, Robert W. "Iraqi Native Is First Woman to Win Prestigious Prize for Architecture." *St. Louis Post-Dispatch*, March 22, 2004.

Duncan, Jane. "Why Are So Many Women Leaving Architecture?" *Guardian*, August 7, 2013. http://www.theguardian.com/women-in-leadership/2013/aug/07/women-leaving-architecture-profession.

Durning, Louise, and Richard Wrigley. *Gender and Architecture*. Chichester, England: Wiley, 2000.

East of Borneo. "Unforgetting L.A. #2: MAK Center for Art and Architecture." http://www.eastofborneo.org/unforgetting2.

Edelman, Judith. "Task Force on Women: The AIA Responds to a Growing Presence." In *Architecture: A Place for Women*, ed. Ellen Perry Berkeley and Matilda McQuaid, 117–23. Washington, DC: Smithsonian Institution Press, 1989.

Elle Decor. "What We Love." July–August 2011, 30.

Ennis, Thomas W. "Women Gain Role in Architecture: Profession Yields Slowly." *New York Times*, March 13, 1960.

Erskine, Lucile. "Woman in Architecture." *Cincinnati Enquirer*, October 8, 1911.

Esperdy, Gabrielle. "The Incredible True Adventures of the Architectress in America." *Places Journal*, September 2012. http://placesjournal.org/article/the-incredible-true-adventures-of-the-architectress-in-america.

Fenten, D. X. *Ms. Architect*. Philadelphia: Westminster, 1977.

Filipacchi, Amanda. "Wikipedia's Sexism toward Female Novelists." *New York Times*, April 24, 2013.

Filler, Martin. "Eyes on the Prize." *New Republic*, April 26 and May 3, 1999, 86–94.

Finch, Lauren. "Dreaming of the Future: AIA Chicago Joins CPS [Chicago Public Schools] for Inaugural Barbie Architect Workshop." *Chicago Architect*, January/February 2013. http://mydigimag.rrd.com/article/Dreaming_of_the_Future/1275362/140831/article.html.

Forgey, Benjamin. "Hadid Is First Woman to Win Pritzker Prize." *Washington*

Post, March 22, 2004.
Fowler, Bridget, and Fiona Wilson. "Women Architects and Their Discontents." *Sociology* 38, no. 1 (2004): 101–19.
Frangos, Alex. "A Year after Pritzker, Doors Are Open for Architect." *Wall Street Journal*, March 23, 2005.
Fraser, Graham. "Architecture Students Abused, Report Says: Teaching Environment at Carleton School Called Discriminatory, Unprofessional, Sexist." *Globe and Mail*, December 23, 1992.
Friedman, Alice. "A Feminist Practice in Architectural History?" *Gender and Design*. Special issue, *Design Book Review* 25 (Summer 1992): 16–18.
———. *Women and the Making of the Modern House: A Social and Architectural History*. New Haven, CT: Yale University Press, 2007.
Frost, Henry Atherton, and William Richard Sears. *Women in Architecture and Landscape Architecture*. Northampton, MA: Smith College, 1928.
Futterman, Ellen. "Women in Architecture: 100 Years and Counting." *St. Louis Post-Dispatch*, May 7, 1989.
Gallagher, John. "Designer Rejects Rational Order, Becomes First Woman to Win Pritzker Prize." *Knight Ridder Tribune Business News*, April 8, 2004.
Gardner, Sue. "Nine Reasons Women Don't Edit Wikipedia (in Their Own Words)." *Sue Gardner's Blog*, February 19, 2011. http://suegardner.org/2011/02/19/nine-reasons-why-women-dont-edit-wikipedia-in-their-own-words.
———. "Unlocking the Clubhouse: Five Ways to Encourage Women to Edit Wikipedia." *Sue Gardner's Blog*, November 14, 2010. http://suegardner.org/2010/11/14/unlocking-the-clubhouse-five-ways-to-encourage-women-to-edit-wikipedia/#comments.
Garfinkle, Charlene G. "Women at Work: The Design and Decoration of the Woman's Building at the 1893 World's Columbian Exposition." Ph.D. diss., University of California, Santa Barbara, 1996.
Genevro, Rosalie, and Anne Rieselbach. "A Conversation with Susana Torre." Architectural League of New York Web Feature, *Women in American Architecture: 1977 and Today*. http://archleague.org/2013/09/susana-torre.
Genz, Stéphanie, and Benjamin A. Brabon. *Postfeminism: Cultural Texts and Theories*. Edinburgh, Scotland: Edinburgh University Press, 2009.
Ghirardo, Diane. "Cherchez la femme: Where Are the Women in Architectural Studies?" In *Desiring Practices:Architecture, Gender and the Interdisciplinary*, ed. Katerina Rüedi, Sarah Wigglesworth, and Duncan McCorquodale, 156–73. London: Black Dog, 1996.
Gius, Barbara. "Women Virtually Absent in Field of Architecture." *Los Angeles Times*, March 16, 1975.

Glancey, Jonathan. "The Best Architecture of 2011: Jonathan Glancey's Choice." *Guardian*, December 5, 2011.

Gleick, James. "Wikipedia's Women Problem." *New York Review of Books Blog*, April 29, 2013. http://www.nybooks.com/blogs/nyrblog/2013/apr/29/wikipedia-women-problem.

Globe and Mail. "Women Architects Needed." April 24, 1962.

Goldberger, Paul. "Women Architects Building Influence in a Profession That Is 98.8% Male. *New York Times*, May 18, 1974.

Greed, Clara H. *Women and Planning: Creating Gendered Realities*. London: Routledge, 1994.

Griffiths, Diana. "A Lost Legacy." *Archiparlour*, April 18, 2012. http://archiparlour.org/authors/diana-griffiths.

Groat, Linda N., and Sherry B. Ahrentzen. "Voices for Change in Architectural Education: Seven Facets of Transformation from the Perspectives of Faculty Women." *Journal of Architectural Education* 50, no. 4 (1997): 271–85.

Guerrilla Girls. *The Guerrilla Girls' Bedside Companion to the History of Western Art*. New York: Penguin, 1998.

Harris, Melissa. "Mattel Launching Computer Engineer Barbie: Society of Women Engineers CEO Helps Design New Career Doll." *Chicago Tribune*, April 14, 2010.

Hartmann, Margaret. "New Architect Barbie Designs Her Own Dream House." *Jezebel*, February 22, 2011. http://jezebel.com/5766877/new-architect-barbie-designs-her-own-dream-house.

Hayden, Dolores. *The Grand Domestic Revolution: A History of Feminist Designs for American Homes, Neighborhoods, and Cities*. Cambridge, MA: MIT Press, 1981.

Heathcote, Edwin. "'Some Must Think I Deserve It.'" *Financial Times*, May 25, 2004.

Henderson, Carol. "Robert Venturi: No Architect Is An Island." Letter to the editor, *New York Times*, May 19, 1991.

Hewitt, Karen. "Does Architect Barbie Play with Blocks?" *Learning Materials Workshop Blog*, February 22, 2011. http://learningmaterialswork.com/blog/2011/02/does-architect-barbie-play-with-blocks.

Heynen, Hilde. "Genius, Gender and Architecture: The Star System as Exemplified in the Pritzker Prize." *Women, Practice, Architecture*. Special issue, *Architectural Theory Review* 17, nos. 2–3 (2012): 331–45.

Heynen, Hilde, and Gülsüm Baydar, eds. *Negotiating Domesticity: Spatial Productions of Gender in Modern Architecture*. London: Routledge, 2005.

Hicks, Margaret. "The Tenement-House Problem—II." *American Architect and*

Building News, July 31, 1880.
Holan, Jerri. "Architect Barbie: Role Model or Ridiculous?" *UrbDeZine San Francisco*, November 30, 2011.
http://sanfrancisco.urbdezine.com/2011/11/30/architect-barbie-role-model-or-ridiculous.
Horton, Guy. "Pritzker Prize Rejects Denise Scott Brown." *Huffington Post*, June 17, 2013. http://www.huffingtonpost.com/guy-horton/pritzker-prize-rejects-de_b_3445457.html.
Horton, Inge Schaefer. *Early Women Architects of the San Francisco Bay Area: The Lives and Work of Fifty Professionals, 1890–1951*. Jefferson, NC: McFarland, 2010.
Hughes, Francesca, ed. *The Architect: Reconstructing Her Practice*. Cambridge, MA: MIT Press, 1998.
Huxtable, Ada Louise. "The Last Profession to Be 'Liberated' by Women." *New York Times*, March 13, 1977.
indesignlive. "Architect Barbie." February 24, 2011.
http://www.indesignlive.com/articles/in-review/architect-barbie.
Innis, Sherrie A. "Barbie Gets a Bum Rap: Barbie's Place in the World of Dolls." In *The Barbie Chronicles: A Living Doll Turns Forty*, ed. Yona Zeldis McDonough, 177–81. New York: Touchstone, 1999.
Irish Times. "A Little Imagination Could Improve Look of 'Suburbia.'" June 2, 1972.
Italcementi Group. "arcVision Prize—Women and Architecture." February 8, 2013.
http://www.italcementigroup.com/ENG/Media+and+Communication/News/Building+and+Architecture/20130208.htm.
Ivy, Robert. "Beyond Style." Editorial, *Architectural Record*, May 1, 2004, 17.
Jeffries, Stuart. "Maybe They're Scared of Me: Zaha Hadid Was Once Famous for Not Getting Anything Built." *Guardian*, April 26, 2004.
Johnson, Carolyn R. *Women in Architecture: An Annotated Bibliography and Guide to Sources of Information*. Monticello, IL: Council of Planning Librarians, 1974.
Journal of the Society of Architects. "Architecture as a Profession for Women." Vol. 5, no. 53 (1912): 188–89.
———. "Why Not Women Architects? Great Demand and No Supply." Vol. 6, no. 70 (1913): 393–94.
Kaji-O'Grady, Sandra. "Does Motherhood + Architecture = No Career?" *ArchitectureAU*, November 20, 2014. http://architectureau.com/articles/does-motherhood-architecture-no-career.
Kampen, Natalie, and Elizabeth G. Grossman. "Feminism and Methodology:

Dynamics of Change in the History of Art and Architecture." Working Paper no. 1212, Center for Research on Women, Wellesley College, Wellesley, MA, 1983.

Kats, Anna. "The Architecture Community Responds to Pritzker's Denise Scott Brown Verdict." *Blouin ArtInfo*, June 18, 2013. http://blogs.artinfo.com/objectlessons/2013/06/18/the-architecture-community-responds-to-pritzkers-denise-scott-brown-verdict.

Kay, Jane Holtz. "Women Architects—A Liberated Elite?" *Boston Globe*, September 13, 1970.

Kennedy, Margit. "Seven Hypotheses on Female and Male Principles in Architecture." *Making Room: Women and Architecture*. Special issue, *Heresies* 3, no. 3, issue 11 (1981): 12–13.

Kingsly, Karen. "Rethinking Architectural History from a Gender Perspective." In *Voices in Architectural Education: Cultural Politics and Pedagogy*, ed. Thomas A. Dutton, 249–64. New York: Bergin and Garvey, 1991.

Kirkham, Pat, ed. *Women Designers in the USA: 1900–2000*. New Haven, CT: Yale University Press, 2000.

Kostof, Spiro, ed. *The Architect: Chapters in the History of the Profession*. New York: Oxford University Press, 1977.

Lamster, Mark. "Why Are There Not Enough Women Architects?" *Dallas Morning News*, August 29, 2014. http://artsblog.dallasnews.com/2014/08/why-are-there-not-enough-women-architects.html.

Lane, Jessica. "The Audacity of Architect Barbie." *EHDD*, March 3, 2011. http://www.ehdd.com/4440.

Lange, Alexandra. "Architecture's Lean In Moment." *Metropolis Magazine*, July-August 2013, 58–59, 78–81.

———. "Girl Talk." *Dwell*, July–August 2012, 92–94.

Levinson, Nancy. "Architect Barbie." *Design Observer*, February 18, 2011. http://designobserver.com/feature/architect-barbie/24718.

Lipowicz, Alice. "Architects Make Gains, but Few Elevated to Top." *Crain's New York Business* 17, no. 25 (2001): 32.

Lobell, Mimi. "The Buried Treasure: Women's Ancient Architectural Heritage." In *Architecture: A Place for Women*, ed. Ellen Perry Berkeley and Matilda McQuaid, 139–57. Washington, DC: Smithsonian Institution Press, 1989.

Loper, Mary Lou. "Wanted: More Women Architects." *Los Angeles Times*, November 11, 1960.

Lui, Ann Lok. "Working in the Shadows: Did the Pritzker Slight Wang Shu's Wife, Lu Wenyu?" *Architect's Newspaper*, April 25, 2012. http://www.archpaper.com/news/articles.asp?id=6016#.VLQazSvF-So.

Luis, Lira. "Architect Barbie Adventures: Meeting Mr. Wright." *Atelier Lira Luis Blog*, July 2011. http://liraluis.blogspot.com/2011/07/architect-barbie-

adventures-meeting-mr.html.

Maasberg, Ute, and Regina Prinz. *Die Neuen kommen! Weibliche Avantgarde in der Architektur der zwanziger Jahre* [Here come the new ones! Female avantgardists in 1920s architecture]. Hamburg: Junius, 2004.

Making Room: Women and Architecture. Special issue, *Heresies* 3, no. 3, issue 11 (1981).

Manchester Guardian. "Woman Architect's Prize: Winning Design for New Shakespeare Memorial Theater." January 6, 1928.

Mark, Laura. "AJ Women in Architecture Awards." *Architects' Journal*, November 25, 2014. http://www.architectsjournal.co.uk/news/aj-women-in-architecture-awards-deadline-extended/8671996.article.

———. "Bullying on the Rise in Architecture School." *Architects' Journal*, January 10, 2014. https://www.architectsjournal.co.uk/home/events/wia/bullying-on-the-rise-in-architecture-school/8657351.article.

———. "88% Women Say Having Children Puts Them at a Disadvantage." *Architects' Journal*, January 10, 2014. https://www.architectsjournal.co.uk/home/events/wia/88-women-say-having-children-puts-them-at-disadvantage/8657348.article.

———. "Gender Pay Gap: 'Beyond Shocking.'" *Architects' Journal*, May 2, 2014. http://www.architectsjournal.co.uk/news/gender-pay-gap-beyond-shocking/8662077.article.

———. "Gender Pay Gap Worst in America." *Architects' Journal*, January 10, 2014. http://www.architectsjournal.co.uk/home/events/wia/gender-pay-gap-worst-in-america/8657355.article.

———. "Glass Ceiling Remains for Women in Architecture." *Architects' Journal*, January 23, 2015. http://www.architectsjournal.co.uk/home/events/wia/glass-ceiling-remains-for-women-in-architecture/8675348.article.

———. "Length of Training Huge Concern to Architecture Students." *Architects' Journal*, January 23, 2015. https://www.architectsjournal.co.uk/home/events/wia/length-of-training-huge-concern-to-architecture-students/8675350.article.

———. "Pay Gap Widens: Women Architects Earn Less than Men." *Architects' Journal*, January 10, 2014. https://www.architectsjournal.co.uk/home/events/wia/pay-gap-widens-women-architects-earn-less-than-men/8657346.article.

———. "Pay Inequity Starts on Entry to Profession." *Architects' Journal*, January 23, 2015. http://www.architectsjournal.co.uk/home/events/wia/pay-inequality-starts-on-entry-to-profession/8675346.article.

———. "Sexual Discrimination on the Rise—and Happening in Practices."

Architects' Journal, January 23, 2015.
http://www.architectsjournal.co.uk/events/wia/sexual-discrimination-on-the-rise-and-happening-in-practices/8675344.article?blocktitle=Women-in-Architecture-Survey-2015&contentID=12572.
———. "Sexual Discrimination on the Rise for Women in Architecture." *Architects' Journal*, January 10, 2014.
https://www.architectsjournal.co.uk/home/events/wia/sexual-discrimination-on-the-rise-for-women-in-architecture/8657345.article.
———. "Survey Shows Shocking Lack of Respect for Women Architects." *Architects' Journal*, January 10, 2014.
https://www.architectsjournal.co.uk/survey-shows-shocking-lack-of-respect-for-women-architects/8657343.article.
———. "Your Chance to Win a Ticket for Sold-Out AJ Women in Architecture Luncheon." *Architects' Journal*, January 29, 2015.
http://www.architectsjournal.co.uk/news/your-chance-to-win-a-ticket-for-sold-out-aj-women-in-architecture-luncheon/8677734.article.
Marshall, Mary. "The Call of Architecture for Women Workers: Women Have to Be Housekeepers—Why Should Men Plan the House?" *New York Tribune*, August 3, 1912.
Martin, Brenda, and Penny Sparke, eds. *Women's Places:Architecture and Design, 1860–1960*. Abingdon, Oxon, England: Routledge, 2003.
Matthewson, Gill. "'Nothing Else Will Do': The Call for Gender Equality in Architecture in Britain." *Women, Practice, Architecture*. Special issue, *Architectural Theory Review* 17, nos. 2–3 (2012): 245–59.
Matrix. *Making Space: Women and the Man Made Environment*. London: Pluto, 1984.
McDonough, Yona Zeldis, ed. *The Barbie Chronicles:A Living Doll Turns Forty*. New York: Touchstone, 1999.
McGuigan, Cathleen, and Laura Raskin. "AIA 2013: National AIA Votes to Allow Two Individuals to Win Gold Medal." *Architectural Record*, June 4, 2013.
http://archrecord.construction.com/news/2013/06/130604-new-york-aia-chapter-recommends-a-change-to-gold-medal-rules.asp.
McLeod, Mary. "Reflections on Feminism and Modern Architecture." *Harvard Design Magazine*, Spring/Summer 2004, 64–67.
McQuaid, Matilda, and Magdalene Droste. *Lilly Reich: Designer and Architect*. New York: Museum of Modern Art, 1996.
Meisels, Sophia Saravamartha. "Half of Greek Architects Are Women." *Jerusalem Post*, December 24, 1967.
Minter, Harriet. "Sexism in Architecture: On the Rise." *Guardian*, January 13, 2014. http://www.theguardian.com/women-in-leadership/2014/jan/13/women-

in-architecture-sexism.
Miranda, Carolina A. "Pritzker Architecture Prize Committee Denies Honors for Denise Scott Brown." *Architect*, June 14, 2013.
http://www.architectmagazine.com/design/pritzker-architecture-prize-committee-refuses-to-honor-denise-scott-brown.aspx.
Mitchell, Josh. "Women Notch Progress: Females Now Constitute One-Third of Nation's Ranks of Doctors and Lawyers." *Wall Street Journal*, December 4, 2012.
Mizra and Nacey Research. *The Architectural Profession in Europe, 2014: A Sector Study Commissioned by the Architects' Council of Europe*. Brussels: Architects' Council of Europe, 2015. http://www.ace-cae.eu/fileadmin/New_Upload/7._Publications/Sector_Study/2014/EN/2014_EN_FULL.pdf.
Mocoloco. "Interview: Despina Stratigakos and Kelly Hayes McAlonie for Architect Barbie." May 21, 2011. http://mocoloco.com/interview-despina-stratigakos-and-kelly-hayes-mcalonie-for-architect-barbie.
Modern Review. "Where Are the Women Architects?" September 1923, 355.
Moonan, Wendy. "AIA Awards 2014 Gold Medal to Julia Morgan." *Architectural Record*, December 16, 2013.
http://archrecord.construction.com/news/2013/12/131216-aia-awards-2014-gold-medal-to-julia-morgan.asp.
Morris, Yvette. "Q&A with Tamarah Begay, AIA: Navajo Nation Architect, Barbie Ambassador." *AIArchitect*, August 23, 2013.
http://www.aia.org/practicing/AIAB099854.
Mosse, Kate. "History." Baileys Women's Prize for Fiction.
http://www.womensprizeforfiction.co.uk/about/history.
Muschamp, Herbert. "An Iraqi-Born Woman Wins Pritzker Architecture Award." *New York Times*, March 22, 2004.
———. "Woman of Steel: Getting Her Architecture Built Was Zaha Hadid's Most Formidable Challenge." *New York Times*, March 28, 2004.
National Architectural Accrediting Board. *2014 Annual Report from the National Architectural Accrediting Board, Inc., Part I: Programs, Students, and Degrees*. Washington, DC: National Architectural Accrediting Board, 2015.
———. *2014 Annual Report from the National Architectural Accrediting Board, Inc., Part III: Faculty*. Washington, DC: National Architectural Accrediting Board, 2015.
National Council of Architectural Registration Boards. *2014 NCARB by the Numbers*. Washington, DC: National Council of Architectural Registration Boards, 2014. http://www.ncarb.org/About-NCARB/~/media/Files/PDF/Special-Paper/NCARB_by_the_Numbers_2014.ashx.

New York Times. "Women Architects Win Chicago Prize: Best Plans for a Neighborhood." March 6, 1915.

———. "Women Gain Slowly in Technical Fields." January 17, 1949.

New York Tribune. "Planned by Two Women: Model Tenement-Houses to Be Built Soon in This City." February 24, 1895.

O'Hare, Marita. "Foreword." In *Women in American Architecture: A Historic and Contemporary Perspective*, ed. Susana Torre, 6–7. New York: Whitney Library of Design, 1977.

Olcayto, Rory. "Discrimination Starts in the Studio." *Architects' Journal*, January 23, 2015. http://www.architectsjournal.co.uk/discrimination-starts-in-the-studio/8676381.article.

———. "Pritzker Prize: Denise Scott Brown Should Have Won in '91." *Architects' Journal*, March 19, 2013.

Oldershaw, Barbara. "Developing a Feminist Critique of Architecture." *Gender and Design*. Special issue, *Design Book Review* 25 (Summer 1992): 7–15.

One Fine Day. Directed by Michael Hoffman, 1996. Los Angeles, CA: 20th Century Fox, 2003. DVD.

Orenstein, Peggy. *Cinderella Ate My Daughter: Dispatches from the Front Lines of the New Girlie-Girl Culture.* New York: HarperCollins, 2011.

Otten, Liam, "Women in Architecture." Washington University in St. Louis Newsroom, October 31, 2014. https://news.wustl.edu/news/Pages/27622.aspx.

Ouroussoff, Nicolai. "First Woman Wins Pritzker." *Los Angeles Times*, March 22, 2004.

Paine, Judith. "Pioneer Women Architects," In *Women in American Architecture: A Historic and Contemporary Perspective*, ed. Susana Torre, 54–69. New York: Whitney Library of Design, 1977.

Pogrebin, Robin. "Partner without the Prize." *New York Times*, April 17, 2013.

———. "Pritzker Architecture Prize Goes to Shigeru Ban." *New York Times*, March 24, 2014.

Poore, Nancy. "Woman Architect Cashes in on Design Talent." *Chicago Tribune*, March 13, 1966.

Potter, Claire. "Prikipedia? Or, Looking for the Women on Wikipedia." *Chronicle of Higher Education*, March 10, 2013. http://chronicle.com/blognetwork/tenuredradical.

Pritzker Architecture Prize. "Architect Robert Venturi Is Named the 1991 Pritzker Architecture Prize Laureate." http://www.pritzkerprize.com/1991/announcement.

———. "Architectural Partners in Japan Become the 2010 Pritzker Architecture Prize Laureates." http://www.pritzkerprize.com/2010/announcement.

Proceedings of the West Coast Women's Design Conference, April 18–20, 1974,

University of Oregon. N.p.: West Coast Women's Design Conference, 1975.
Quindlen, Anna. "Barbie at 35." In *The Barbie Chronicles: A Living Doll Turns Forty*, ed. Yona Zeldis McDonough, 117–19. New York: Touchstone, 1999.
Rand, Ayn. *The Fountainhead*. New York: Signet, 1993.
Reif, Rita. "Fighting the System in the Male-Dominated Field of Architecture." *New York Times*, April 11, 1971.
———. "Women Architects, Slow to Unite, Find They're Catching Up with Male Peers." *New York Times*, February 26, 1973.
Rendell, Jane, Barbara Penner, and Iain Borden. *Gender, Space, Architecture: An Interdisciplinary Introduction*. London: Routledge, 2000.
Richardson, Anne. "Half the Mothers I Know Have Been Driven from Their Jobs." *Guardian*, August 8, 2013. http://www.theguardian.com/money/2013/aug/08/workplace-discrimination-pregnant-women-mothers-common.
Ridge, Mia. "New Challenges in Digital History: Sharing Women's History on Wikipedia." Paper delivered at the Women's History in the Digital World Conference, Bryn Mawr College, Bryn Mawr, PA, March 23, 2013. http://repository.brynmawr.edu/greenfield_conference/papers/saturday/37.
Roehrig, Catharine H., Renée Dreyfus, and Cathleen A. Keller, eds. *Hatshepsut, From Queen to Pharaoh*. New York: Metropolitan Museum of Art, and New Haven, CT: Yale University Press, 2005.
Rosenfield, Karissa. "Shereen Sherzad Wins the 2014 Tamayouz Women in Architecture and Construction Award." *ArchDaily*, November 4, 2014. http://www.archdaily.com/?p=563900.
Rüedi, Katerina, Sarah Wigglesworth, and Duncan McCorquodale, eds. *Desiring Practices: Architecture, Gender and the Interdisciplinary*. London: Black Dog, 1996.
Saint, Andrew. *The Image of the Architect*. New Haven, CT: Yale University Press, 1983.
Sandberg, Sheryl. *Lean In: Women, Work, and the Will to Lead*. New York: Knopf, 2013.
Sanders, James. "Robert Venturi: Denise Scott Brown: An Architectural Team to Reshape the American Landscape." *Los Angeles Times*, August 18, 1991.
Sanders, Joel. ed. *Stud: Architectures of Masculinity*. New York: Princeton Architectural Press, 1996.
Scheffler, Karl. *Die Frau und die Kunst* [Woman and art]. Berlin: Julius Bard, 1908.
———. "Vom Beruf und von den Aufgaben des modernen Architekten" [On the profession and responsibilities of the modern architect]. 2 parts. *Süddeutsche Bauzeitung* 19, no. 13 (1909): 97–103, and no. 14, 106–10.

Schmidt, Peter. "Michigan Overwhelmingly Adopts Ban on Affirmative-Action Preferences." *Chronicle of Higher Education*, November 17, 2006, A23–A24.
Schriener, Judy. "Architect Barbie in the Offing?" *Construction*, December 5, 2002. http://www.construction.com/NewsCenter/it/archive/20021205apf.asp. Site no longer working.
Scott Brown, Denise. "Room at the Top: Sexism and the Star System in Architecture." In *Architecture: A Place for Women*, ed. Ellen Perry Berkeley and Matilda McQuaid, 237–46. Washington, DC: Smithsonian Institution Press, 1989.
———. "Sexism and the Star System in Architecture: A Lecture by Denise Scott Brown." Synopsis published in *Proceedings of the West Coast Women's Design Conference, April 18–20, 1974, University of Oregon*. N.p.: West Coast Women's Design Conference, 1975, 20–21.
Searing, Helen, et al. "Equal and Unequal Partners, 1881–1970." In *Equal Partners: Men and Women Principals in Contemporary Architectural Practice*. Northampton, MA: Smith College Museum of Art, 1998, 22–39.
———. *Equal Partners: Men and Women Principals in Contemporary Architectural Practice*. Northampton, MA: Smith College Museum of Art, 1998.
Shen, Aviva. "How Many Women Does It Take to Change Wikipedia?" *Smithsonian*, April 4, 2012. http://www.smithsonianmag.com/smithsonian-institution/how-many-women-does-it-take-to-change-wikipedia-171400755/?no-ist=.
Sheng, Rosa. "Equity by Design: AtlAIAnta! Convention Recap." *Equity by Design: Missing 32 Percent Blog*, May 17, 2015. http://themissing32percent.com/blog/2015/5/17/equity-by-design-aia-convention-atlanta-recap.
Sieder, Jill Jordan. "A Building of Her Own." *U.S. News and World Report*, October 14, 1996, 66–68.
Simon, Cathy. "Women in Architecture: What Are We Doing Here?" *Contract* 45, no. 3 (2003): 94.
Sparke, Penny. *As Long as It's Pink: The Sexual Politics of Taste*. London: HarperCollins, 1995.
Storefront for Art and Architecture. "Wwwriting Series: Digital Invisibles." http://www.storefrontnews.org/archive/2010?y=0&m=0&p=0&e=10&e=616.
Stratigakos, Despina. "Architects in Skirts: The Public Image of Women Architects in Wilhelmine Germany." *Journal of Architectural Education* 55, no. 2 (2001): 90–100.
———. "The Good Architect and the Bad Parent: On the Formation and Disruption of a Canonical Image." *Journal of Architecture* 13, no. 3 (2008): 283–96.

———. "'I Myself Want to Build': Women, Architectural Education and the Integration of Germany's Technical Colleges." *Paedagogica Historica* 43, no. 6 (2007): 727–56.

———. "The Uncanny Architect: Fears of Lesbian Builders and Deviant Homes in Modern Germany." In *Negotiating Domesticity: Spatial Productions of Gender in Modern Architecture*, ed. Hilde Heynen and Gülsüm Baydar, 145–61. London: Routledge, 2005.

———. "Unforgetting Women Architects: From Pritzker to Wikipedia." *Places Journal*, June 2013. http://places.designobserver.com/feature/unforgetting-women-architects-from-pritzker-to-wikipedia/37912.

———. "What I Learned from Architect Barbie," *Places Journal*, June 2011, http://places.designobserver.com/feature/what-i-learned-from-architect-barbie/27638.

———. "Women and the Werkbund: Gender Politics and German Design Reform, 1907–14." *Journal of the Society of Architectural Historians* 62, no. 4 (2003): 490–511.

———. *A Women's Berlin*. Minneapolis: University of Minnesota Press, 2008.

Sun (Baltimore). "Closet Wonders." June 11, 1911.

Suominen-Kokkonen, Renja. *The Fringe of a Profession: Women as Architects in Finland from the 1890s to the 1950s*. Trans. Jüri Kokkonen. Helsinki, 1992.

Times Pictorial (Irish Times). "Women Should Design Houses." February 21, 1953.

Torre, Susana. "Introduction: A Parallel History." In *Women in American Architecture: A Historic and Contemporary Perspective*, ed. Susana Torre, 10–13. New York: Whitney Library of Design, 1977.

———. "Women in Architecture and the New Feminism." In *Women in American Architecture: A Historic and Contemporary Perspective*, ed. Susana Torre, 148–61. New York: Whitney Library of Design, 1977.

———, ed. *Women in American Architecture: A Historic and Contemporary Perspective*. New York: Whitney Library of Design, 1977.

Tracings: A Newsletter of the Environmental Design Archives. "Down the Rabbit Hole: (Miss)Adventures in Wikipedia." Vol. 11, no. 1 (2015).

Troiani, Igea. "Zaha: An Image of 'The Woman Architect.'" Women, Practice, Architecture. Special issue, *Architectural Theory Review* 17, nos. 2–3 (2012): 346–64.

U.S. Bureau of Labor Statistics. "Household Data Annual Averages," 2014. http://www.bls.gov/cps/cpsaat39.pdf.

Van Slyck, Abigail A. "Women in Architecture and the Problems of Biography." *Gender and Design*. Special issue, *Design Book Review* 25 (Summer 1992): 19–22.

Wainwright, Oliver. "Zaha Hadid's Sport Stadiums: Too Big, Too Expensive, Too Much Like a Vagina." *Guardian*, November 28, 2013.
http://www.theguardian.com/artanddesign/2013/nov/28/zaha-hadid-stadiums-vagina.
Waite, Richard. "Call for Denise Scott Brown to Be Given Pritzker Recognition." *Architects' Journal*, March 21, 2013.
———. "Video Exclusive: Denise Scott Brown on Why She Deserves Pritzker Recognition." *Architects' Journal*, April 10, 2013.
http://www.architectsjournal.co.uk/video-exclusive-denise-scott-brown-on-why-she-deserves-pritzker-recognition/8645333.article.
———. "'Women Need to Support Each Other,' Says Zaha after Winning Jane Drew Prize." *Architects' Journal*, April 20, 2012.
http://www.architectsjournal.co.uk/news/daily-news/women-need-to-support-each-other-says-zaha-after-winning-jane-drew-prize/8629310.article.
Waite, Richard, and Ann-Marie Corvin. "Shock Survey Results as the AJ Launches Campaign to Raise Women Architects' Status." *Architects' Journal*, January 16, 2012. http://www.architectsjournal.co.uk/news/daily-news/shock-survey-results-as-the-aj-launches-campaign-to-raise-women-architects-status/8624748.article.
Walker, Alissa. "Architecture Is Tough! Will Architect Barbie Help More Women Become Designers?" *Good.is*, March 3, 2011.
http://magazine.good.is/articles/architecture-is-tough-will-architect-barbie-help-more-women-become-designers.
Walker, Lynne. "Women Architects." In *A View From the Interior: Women and Design*, ed. Judy Attfield and Pat Kirkham, 90–105. London: Women's Press, 1995.
Washington Post. "The Woman Architect." September 26, 1880.
Watson, Stephen T. "Professor Builds Case for Barbie as Architect." *Buffalo News*, February 7, 2010.
Weimann, Jeanne Madeline. *The Fair Women*. Chicago: Academy Chicago, 1981.
Weisman, Leslie Kanes. *Discrimination by Design: A Feminist Critique of the Man-Made Environment*. Urbana: University of Illinois Press, 1992.
———. "A Feminist Experiment: Learning from WSPA, Then and Now." In *Architecture: A Place for Women*, ed. Ellen Perry Berkeley and Matilda McQuaid, 125–33. Washington, DC: Smithsonian Institution Press, 1989.
Weisman, Leslie Kanes, and Noel Phyllis Birkby. "The Women's School of Planning and Architecture." In *Learning Our Way: Essays in Feminist Education*, ed. Charlotte Bunch and Sandra Pollack, 224–45. Trumansburg, NY: Crossing Press, 1983.
Willis, Beverly. "The Lone Heroic Architect Is Passé." Opinion pages, *New York*

Times, July 15, 2014.
http://www.nytimes.com/roomfordebate/2013/05/14/married-to-an-award-winner/the-lone-heroic-architect-is-passe.
Willis, Eric. "Five Firm Changes." *Architect*, October 2014, 116–24. Willis, Julie, and Bronywyn Hanna. *Women Architects in Australia, 1900–1950*. Red Hill, Australia: Royal Australian Institute of Architects, 2001.
Winston, Anna. "Mattel Reveals Architect Barbie." *BDonline*, February 21, 2011. http://www.bdonline.co.uk/mattel-reveals-architect-barbie/5013692.article.
———. "The Top 10 News Stories of 2011." *BDonline*, December 30, 2011. http://www.bdonline.co.uk/the-top-10-news-stories-of-2011/5029650.article.
Woodward, Helen. "The Woman Who Makes Good: Women as Architects." *Chicago Defender*, June 10, 1933.
Wright, Gwendolyn. "On the Fringe of the Profession: Women in American Architecture." In *The Architect: Chapters in the History of the Profession*, ed. Spiro Kostof, 280–308. New York: Oxford University Press, 1977.

Prepare for publishing by
Fastpublication.com

www.ingramcontent.com/pod-product-compliance
Lightning Source LLC
LaVergne TN
LVHW051559080426
835510LV00020B/3058
* 9 7 8 1 9 3 9 1 2 3 5 5 8 *